L'ANTIQUITÉ

FRANÇOIS-NICOLAS AGEL

LES ESSENTIELS MILAN

Sommaire

Les mots suivis d'un astérisque (*) sont expliqués dans le glossaire.

Virgile entre Clio, muse de l'histoire, et Melpomène, muse de la tragédie. Musée du Bardo (Tunisie).

Promenades antiques

Notre sensibilité et notre imaginaire vibrent aux sons de la symphonie antique et de ses morceaux choisis que sont les Sept Merveilles du monde (Mausolée d'Halicarnasse, pyramide de Kheops, phare d'Alexandrie, colosse de Rhodes, statue de Zeus à Olympie, temple d'Artémis à Éphèse, jardins suspendus de Babylone).

Chacun y va de son anecdote, de sa légende, de son événement marquant ou de son personnage fétiche pour dire sa familiarité avec la période. Les expositions qui lui sont consacrées comme ses sites célèbres sont autant de lieux de pèlerinages culturels où le visiteur entend ici ou là les lointaines voix des joutes oratoires ou le vacarme des jeux du cirque, et croit toujours possible la rencontre d'un de ses rescapés. Le malentendu commence quand certains se sentent obligés, en héritiers proclamés, de lui distribuer bons ou mauvais points. Constamment sollicitée, elle est tantôt louée pour sa sagesse ou son génie, tantôt fustigée pour ses mœurs barbares.

Cet ouvrage se propose pour sa part de l'étudier en resituant dans leur univers culturel spécifique ses interrogations, ses créations et ses paradoxes. Il doit aider le lecteur à dégager des différents thèmes traités une vision d'ensemble de l'Antiquité, nécessairement inachevée tant le champ spatio-temporel à couvrir est vaste, en l'invitant à la découverte d'un monde bien vivant.

Regards croisés sur l'Antiquité

La fin du néolithique dans les différentes régions du monde s'ouvre sur une Antiquité riche d'expériences aussi singulières que partagées.

Une Antiquité restreinte

Lorsque l'on évoque l'Antiquité, que l'on situe généralement entre les premières civilisations urbaines du IVe millénaire av. J.-C. et la chute de l'empire romain d'Occident, à la fin du ve siècle de notre ère, le monde gréco-romain vient immédiatement à l'esprit (avec l'Égypte, bien sûr !). Son univers nous paraît en effet familier et son influence déterminante, qu'il s'agisse de ses vestiges, de sa richesse littéraire ou de ce qu'il nous inspire dans la quête de nos racines culturelles comme dans la légitimation de nos pratiques. Il faut alors résister à la tentation de limiter notre perception à sa seule reconnaissance, en portant le regard sur d'autres civilisations non moins fascinantes, bien que perçues comme mystérieuses, plus lointaines dans l'espace. Cette remarque faite, seuls les mondes méditerranéen et proche-oriental seront explorés faute de place, ce qui, à défaut d'exhaustivité, permettra d'apprécier l'« unité de civilisation » faite de contacts continus entre les peuples de cette aire géographique, d'influences réciproques et d'histoires imbriquées.

Hindouisme

La religion de l'Inde antique ne fut ni moins complexe ni moins subtile que le polythéisme égyptien ou gréco-romain. Organisée autour des dieux Brahma, créateur de l'ordre du monde, Shiva, son destructeur et transformateur, et Vishnu, son conservateur, elle reposait sur la réincarnation et justifiait le système de castes.

Une ouverture féconde

Bien que ce soit une gageure d'évoquer si rapidement la richesse des « autres Antiquités », il s'impose toutefois de la rappeler à la curiosité du lecteur. L'Inde antique fut ainsi le lieu de brillantes expériences puisque dès le milieu du IIIe millénaire se développa une grande civilisation urbaine dans la vallée de l'Indus, avant l'invasion puis l'installation, un millénaire plus tard, de nomades indo-européens aryens (époque védique)

dans la riche vallée du Gange. Ce n'est qu'au IIIe siècle av. J.-C. que la dynastie Maurya fonda un premier empire politiquement unifié et que son grand souverain Açoka favorisa la diffusion du bouddhisme et de ses valeurs (non-violence, tolérance...).
De grandes dynasties se succéderont aussi en Chine avec les Shang, vers 1600 av. J.-C., supplantés au XIe siècle av. J.-C. par les Chou, avant une unification du pays par un prince de Ch'in, à la fin du IIIe siècle av. J.-C., propice aux grands projets (Grande Muraille). De 206 av. J.-C. à 220 apr. J.-C., la dynastie Han régna sur un empire immense, aussi brillant que puissant. Les routes de la soie furent ouvertes et des contacts commerciaux noués avec l'Asie centrale, l'Inde et l'Occident.
Quant à l'Amérique précolombienne, elle fut le lieu d'épanouissement, dans sa partie centrale, des Olmèques, entre le XIIIe et le Ve siècle av. J.-C., et des Mayas, dès le IIIe siècle.

L'éveil et l'éthique

Le prince indien Siddhârta, après avoir atteint la sagesse suprême, prit le nom de Bouddha (« L'Éveillé » en sanscrit) et enseigna le renoncement, la vie dans l'instant présent et la compassion, au moment même où le philosophe chinois Confucius proposait une éthique et une sagesse fondées sur l'acceptation des événements et le respect de valeurs comme la loyauté et la confiance.

Un patrimoine commun

Si les caractères spécifiques à chaque grand foyer de civilisation sont indéniables, ce qui différencia les sociétés antiques naissantes fut sans doute moins les nécessités auxquelles elles étaient confrontées que les réponses singulières qu'elles y apportèrent. Sans faire de distinction tranchée entre ce que chacune emprunta à d'autres ou inventa, il convient de remarquer qu'elles partagèrent des traits généralement identifiés comme la marque de cette nouvelle ère historique. Le passage de l'habitat dispersé (multitude de villages) à la concentration urbaine fut partout propice à l'invention d'une comptabilité et de l'écriture (idéogrammes en Chine, hiéroglyphes chez les Mayas...), à une structure socio-politique complexe et hiérarchisée (pouvoir fort et divin en Égypte, en Chine...), à une administration centralisée, à un système religieux élaboré (centres cérémoniels, religion d'État, polythéisme*), à une pensée philosophique, etc.

Les sociétés antiques, bien que parfois très éloignées les unes des autres, tant géographiquement que culturellement, partagèrent d'importants traits de civilisation.

La Mésopotamie de Sumer à Babylone

Le déchiffrement d'étranges tablettes d'argile jonchant le sol de l'Irak actuel révéla au monde que l'Histoire commençait avec les Sumériens, envers lesquels l'Occident, sans en être toujours conscient, est infiniment redevable.

Peuples et civilisation

La Mésopotamie ne fut pas le théâtre d'une civilisation uniforme, mais le lieu d'épanouissement de régions (Sumer, Akkad, Babylonie, Assyrie) avec leurs grandes capitales (Ur, Uruk, Babylone, Assour, Ninive...) qui eurent chacune leur moment de gloire.

À chacun sa peine

Le code attribué à Hammourabi est inspiré par un sens si aigu de la justice que la concision de ses sentences était propre à rassurer ou à effrayer les individus concernés, à l'image de l'article suivant : « *Si quelqu'un a crevé l'œil d'un homme libre, on lui crèvera l'œil* », qui est sans ambiguïté.

Une civilisation inattendue

La Mésopotamie, qui recouvrait l'Irak actuel, fut le lieu de naissance d'une des civilisations les plus brillantes du Proche-Orient ancien. « Pays entre les fleuves », selon l'étymologie grecque, elle fut le lieu de rencontre, dans la partie basse de la large et fertile vallée du Tigre et de l'Euphrate, des Akkadiens, pasteurs sémites semi-nomadisés venus du grand désert d'Arabie, et des Sumériens, d'origine mystérieuse, mais qui habitaient déjà vraisemblablement les lieux. De leur fusion émergèrent alors, à partir de l'agglomération de villages de paysans et d'éleveurs, de puissantes unités urbaines dès le IVe millénaire. Le miracle n'aurait pu cependant agir sans la révolution technique majeure que fut l'irrigation artificielle, seule capable de fertiliser les terres, d'accroître l'échelle des cultures et d'assurer une prospérité durable.

Une histoire mouvementée

Des cités-États* se partageaient le territoire jusqu'à la fondation, vers 2330 av. J.-C., d'un premier empire par Sargon, roi sémite d'Akkad. La composante sumérienne fut rapidement absorbée par les Sémites, qui, rejoints par des arrivées régulières de migrants, dominèrent alors le pays en assumant l'héritage culturel sumérien. Hammourabi (1792-1750 av. J.-C.), premier roi d'une nouvelle dynastie amorrite, l'unifia autour d'une capitale, Babylone, que ses successeurs ne purent protéger des invasions répétées (Hittites, Araméens...)

qui sapaient sa puissance. Et encore moins de ses voisins assyriens du Nord, menés par des rois guerriers qui, sans lui contester sa prédominance culturelle, s'en rendirent maîtres au début du Ier millénaire, avant d'être eux-mêmes battus en 612 av. J.-C. par de nouveaux migrants chaldéens. Nabuchodonosor (605-562 av. J.-C.) redonna de sa superbe à Babylone l'espace d'un siècle, avant la conquête de la ville en 539 av. J.-C. par le Perse Cyrus (le noyau de peuplement de l'Empire perse se situait au nord du golfe Persique, en Iran), puis par Alexandre au IVe siècle av. J.-C. Cette région tomba alors dans l'oubli, jusqu'à ce que le déchiffrement de son écriture et l'archéologie l'en arrachent à la fin du XIXe siècle.

Bas-relief du palais de Sargon II, à Khorsabad (VIIIe siècle av. J.-C.). Paris, musée du Louvre.

Un roi omnipotent et juste

L'autorité que le roi était censé avoir reçue des dieux faisait de lui seul, pasteur de son peuple, le garant du bon ordre et de la prospérité de son pays. Il était respecté, craint et obéi, sans avoir, semble-t-il, à user de despotisme. Entouré de hauts fonctionnaires compétents, il coiffait une puissante hiérarchie administrative qui quadrillait un territoire immense et marquait ainsi son omniprésence dans la conduite des affaires militaires, économiques, politiques, religieuses, et diplomatiques. Autorité pouvait rimer avec sagesse, puisque le roi Hammourabi se présenta dans le code célèbre qui porte son nom comme celui dont la mission était d'établir une justice équitable sur terre. 280 sentences faisant jurisprudence dans des domaines divers y furent rédigées dans une langue accessible pour rappeler à chacun ses droits et ses devoirs. Dans ce testament politique, il exprima avec une précision déconcertante une conception de la loi du talion, comme juste réparation des torts, qui sera reprise plus tard dans la Bible.

Une surprenante civilisation naquit de la rencontre de deux peuples fort différents, dont l'un (les Sumériens), plus créatif, acccultura l'autre (les Akkadiens), avant d'être absorbé par le dynamisme démographique de ces derniers.

Les empires pharaoniques

L'Égypte, ce « *don du Nil* », selon l'expression inspirée de l'historien Hérodote, et terre d'élection des dieux, connut « miraculeusement » une période de puissance et d'unité culturelle dont la longueur fut inégalée dans l'Antiquité.

Le père nourricier

Le pharaon soucieux du bien-être du pays se devait de veiller à nourrir son peuple afin de s'assurer de son obéissance et de son travail. Les chantiers gigantesques, qui signifiaient mobilisation forcée de milliers d'hommes, lui en donnaient l'occasion.

De l'Ancien au Nouvel Empire

Après les deux premières dynasties (Basse et Haute-Égypte unifiées sous la première), l'Égypte connut sous l'Ancien Empire (2670-2195 av. J.-C.), qui naquit avec la troisième, un essor sans précédent reposant sur une administration bureaucratisée (avec à sa tête un vizir aux compétences étendues) assurant au pharaon une mainmise absolue sur les ressources du pays. Pourtant très puissante, cette monarchie installée à Memphis fut affaiblie par l'ambition d'administrateurs provinciaux. De la VIIIe à la Xe dynastie, le pouvoir fut morcelé jusqu'à sa reconquête par les rois de Thèbes (l'actuelle Louxor), qui restaurèrent l'unité du pays, inaugurant le Moyen Empire (2065-1781 av. J.-C.). La XIIe dynastie consolida l'ordre intérieur en s'appuyant sur un corps de fonctionnaires et de lettrés (scribes). Les cinq dynasties suivantes connurent l'occupation des Hyksos, d'origine syro-palestinienne, jusqu'à leur expulsion par des princes thébains. S'ouvrit alors le Nouvel Empire (1550-1069 av. J.-C.), avec trois dynasties qui marquèrent une ère d'extension de l'empire jusqu'à ses limites. À ces vingt siècles de puissance succédera une période d'occupations étrangères.

Temple d'Abou Simbel.

Quelques figures marquantes

Le conquérant Thoutmosis III (XVIIIe dynastie) affirma la puissance de l'Égypte en soumettant les royaumes d'Asie et en dominant la région syro-palestinienne, faisant affluer les tributs vers Thèbes. Le raffiné Aménophis III, bien que pour l'essentiel préoccupé d'art et d'esthétique, fit bon usage de cette puissance, alors que le règne de son fils, l'hérétique despote Aménophis IV (v. 1370-1355 av. J.-C.), laissa un goût amer. La XIXe dynastie, qui se voulait l'héritière de la précédente, vit la victoire de Séti Ier sur le royaume hittite d'Anatolie et la pacification de la province égyptienne de Nubie (actuel Soudan), productrice d'or. Mais elle fut surtout celle qui porta l'empire au sommet de sa gloire avec Ramsès II (1279-1213 av. J.-C.), dont les qualités exceptionnelles, le charisme, les 67 ans de règne et le zèle à remplir son rôle à la perfection en surpassant ses prédécesseurs en font un modèle. Ramsès III (XXe dynastie) aura à repousser les tentatives d'incursion des Peuples de la mer (guerriers d'origine incertaine), qui bouleversèrent la géopolitique de la région.

Valeureux général, grand diplomate

La célèbre bataille de Qadesh (v. 1275 av. J.-C.) entre Ramsès II et les Hittites, qui lui disputaient la suprématie dans la région, devint une épopée lyrique célébrant sa gloire et son courage, lui qui, presque seul, sauva l'honneur de l'Égypte, avant de contraindre le roi hittite à signer un traité officiel de paix.

Légitimité du pouvoir de Pharaon

Dès l'origine, le pharaon était un être élu par les dieux, leur substitut vivant et le garant sur terre de leur œuvre créatrice, ce dont il tirait sa légitimité. Incarnation d'Horus, le représentant mythique de la monarchie divine antérieure au pouvoir terrestre, il devint, au moment où l'Égypte accorda la primauté au dieu Rê (soleil), seul créateur du monde, son fils terrestre. Conscient que tout pouvoir sur l'Égypte était de sa responsabilité exclusive, il se savait l'acteur unique d'un combat permanent pour le maintien de l'ordre (paix sociale), de la prospérité de l'empire et de son unité contre les forces du chaos (adversaires, révoltes, terres agricoles en friche, catastrophes naturelles), à l'image de Rê, qui en triomphait chaque jour.

Le zèle que les pharaons déployèrent pour mener à bien leur mission ne saurait être interprété comme seule volonté de puissance, mais plutôt comme conscience très élevée des conséquences fatales de leur impuissance.

Le peuple hébreu

Ce petit peuple descendant de modestes chefs de tribus nomades n'eut pas autre chose à revendiquer que le destin exceptionnel que le Dieu universel avait choisi pour lui, son peuple élu.

Les premiers temps du peuple d'Israël

Notre connaissance des premiers Hébreux provient de la Bible (dont l'interprétation historique est ardue). Dans la Genèse, Dieu (Yahvé), présenté comme unique créateur, entendait veiller sur un peuple élu par lui, tant que celui-ci lui serait dévoué et comblerait ses attentes morales. Ce peuple descendait du patriarche Abraham (dont l'ancêtre était Noé), pasteur sémite semi-nomade originaire de Mésopotamie (Ur), qui, convaincu par Yahvé de rejoindre une terre promise sur laquelle il l'engageait à faire naître un grand peuple, se fixa avec sa famille au pays de Canaan (actuelle Palestine). Là naquit le peuple d'Israël, formé des douze tribus menées par les fils de Jacob, son petit-fils. Dans l'Exode, c'est en Égypte, où il se réfugia, qu'on voit ce peuple asservi (enrôlé de force dans les grands travaux). Moïse, indigné par le sort de ses frères et parlant en prophète au nom de Yahvé, conduisit ceux-ci hors d'Égypte pour un long voyage vers Canaan (sous le règne de Ramsès II ?) au cours duquel il reçut dans le désert du Sinaï les Tables contenant les dix commandements censées lier définitivement Yahvé à son peuple.

Moïse en mission

C'est une vision nouvelle du rapport au divin que ce génie religieux proposa à son peuple, en l'exhortant à se dévouer au seul Yahvé transcendant, signifiant par là que le polythéisme*, répandu dans tout le Proche-Orient, y compris chez les premiers Hébreux, était définitivement à rejeter. Qui d'autre que Moïse pouvait se voir attribuer, selon la tradition ancienne, la Torah, cet ensemble de règles auquel les juifs sont restés fidèles ?

Des juges aux rois

La conquête de Canaan fut lente et difficile, car les Israélites durent s'imposer face aux peuples voisins (comme les Araméens). La période des « juges » (conducteurs des opérations militaires) laissa place à un pouvoir central stable, lui-même confronté aux visées expansionnistes des puissants Philistins occupant le littoral sud de Canaan. David (v. 1010-971 av. J.-C.), élu roi par la tribu de Juda et bientôt rejoint par les autres tribus, réalisa l'unité autour de Jérusalem, capitale politique et religieuse (présence de l'Arche d'alliance contenant les Tables de la Loi). Désormais grande puissance régionale, son royaume dominait le Levant entre l'Euphrate et l'Égypte. Son fils Salomon (971-931 av. J.-C.), au profit duquel il abdiqua, hérita d'un pouvoir bien assis et maintint le pays en paix et dans l'opulence.

Que d'exploits !

La légende s'est emparée de personnages bibliques ou historiques admirés pour leurs dons exceptionnels. Le juge Samson, force de la nature, fut ainsi célébré pour avoir, seul, défié les Philistins, avant d'être trahi par une femme, Dalila. Le roi David, poète, artiste et musicien, aurait défié le géant Goliath armé d'une simple fronde. Que dire, encore, de la sagesse de Salomon !

Israël face à ses occupants

À sa mort, les dix tribus du Nord (avec Samarie pour capitale) firent sécession avant d'être dominées, tout comme le royaume de Juda, par les empires assyrien et babylonien. Suite à un soulèvement, Jérusalem fut prise et détruite en 587 av. J.-C., puis ses élites et artisans déportés en Babylonie. La domination du Perse Cyrus sur la région pouvait réjouir les juifs, d'autant qu'il fut accommodant à leur égard. Parmi les exilés, autorisés à rentrer en Judée, certains restèrent même en Babylonie.

Après la conquête d'Alexandre, les juifs, désormais au contact de l'hellénisme (grâce à une importante diaspora*), allaient bientôt s'agiter, ce à quoi les occupants séleucides (royaume hellénistique) répondirent par la provocation religieuse et la répression, entraînant la révolte des Maccabées (167 av. J.-C.). Les Romains, alliés des juifs et nouveaux maîtres des lieux, leur imposèrent pour roi Hérode le Grand en 40 av. J.-C. Après le règne de ce brillant bâtisseur, mais également sinistre personnage détesté pour sa cruauté, les procurateurs romains qui se succédèrent dans la région multiplièrent les exactions, entraînant la révolte de Jérusalem en 70 apr. J.-C., qui fut matée par Titus sur ordre de l'empereur Vespasien. Puis il y eut l'épisode de Massada et la révolte juive qui mena, en 135, à la destruction totale de Jérusalem, désormais interdite aux juifs par Hadrien…

Touché par l'asservissement, l'exil, l'hellénisation forcée et la répression, le peuple d'Israël conserva avec fierté ses spécificités culturelles et religieuses.

Les premiers pas de l'écriture

Après s'être sédentarisé et avoir découvert l'agriculture lors de la révolution néolithique, l'homme s'offrit avec l'écriture le luxe de capturer les instants d'une existence que le temps emportait, jusque-là, à jamais.

Une écriture vieille de cinq mille ans

Les premières traces d'écriture proviennent d'Uruk (pays de Sumer), vers 3200 av. J.-C., soit environ deux siècles avant que l'Égypte ne développe un système d'écriture hiéroglyphique original et autonome. Cette invention partagée ne saurait être le fruit du hasard, tant elle fut liée à la production et au stockage à grande échelle que permit la maîtrise des fleuves nourriciers. L'écriture fut en effet l'outil commode dont se dotèrent des administrations centralisées pour noter les entrées et les sorties de biens des centres de production royaux. Mais, loin d'être une simple technique, elle constitua une révolution de l'esprit humain, en rendant possible l'isolement d'une pensée, sa représentation et sa circulation, puis la fixation de la parole. En cela, elle fut à l'origine de l'Histoire.

Variété littéraire

La littérature égyptienne était composée de textes de nature magico-religieuse, d'hymnes, de contes, de textes épiques, de romans, de sagesses (enseignement sur les conduites à suivre) ou de poésies amoureuses. Citons notamment le *Conte du naufragé* (péripéties d'un homme désirant rentrer chez lui), le *Conte des deux frères* (discorde provoquée par une femme) et le très célèbre roman *Sinouhé* (autobiographie romancée où se mêlent états d'âme, leçons sur la vie et réflexions philosophiques).

Ses caractéristiques

Née sous la forme de pictogrammes et d'idéogrammes, dessins évoquant une réalité concrète ou un concept (idée), elle put progressivement transcrire la langue en représentant des syllabes et des mots. L'écriture sumérienne fut qualifiée de cunéiforme en raison de la forme des signes inscrits dans l'argile au moyen d'un roseau biseauté. Devenus des traits droits terminés en tête de clou ou en coin (*cuneus* en latin), ils perdirent définitivement leur caractère figuratif pour ouvrir la voie à une écriture syllabique. L'écriture égyptienne, quant à elle, conserva sa forme, même si elle évolua vers des formes simplifiées permettant une écriture plus rapide. Son utilisation resta donc plus complexe, puisqu'un même dessin continua à fixer un objet, un son, un nom ou le sens d'un mot et à être associé à d'autres selon le principe du rébus.

Tablette avec alphabet cunéiforme. Ougarit, Syrie, XIVe siècle av. J.-C.

Ses utilisations

Si l'écriture servit à l'origine d'aide-mémoire comptable, les tablettes d'argile, la pierre, les papyrus ont également conservé des documents juridiques et législatifs, des lettres, des textes religieux et de riches œuvres littéraires. L'écriture hiéroglyphique qui ornait les monuments avait en outre une valeur contemplative et, plus encore, une fonction « magique », puisque ses signes se confondaient avec les réalités représentées, jusqu'à en capter l'essence. Il était ainsi concevable pour l'Égyptien d'influer sur le sens d'une réalité en agissant sur les signes qui la fixaient. La figure du scribe, professionnel de l'écriture, fut déterminante, puisqu'il était le seul à manipuler ces systèmes de signes complexes, s'imposant comme l'intermédiaire obligé pour tout ce qui se disait, s'écrivait et se lisait. Il jouissait donc, grâce à son initiation, d'un grand prestige social et d'un pouvoir sans égal auprès des rois.

L'écriture cunéiforme s'adapta pour les langues sémitiques telles que l'akkadien parlé par les Babyloniens et les Assyriens, l'araméen ou le hittite en Asie Mineure, avant d'être progressivement remplacée, à partir du Ier millénaire av. J.-C., par l'écriture alphabétique. L'Égypte, qui influença probablement le tracé des premiers signes alphabétiques, n'utilisa l'aphabet grec qu'au IIe siècle de notre ère (écriture copte).

Ce fut un parcours étonnant que celui de l'écriture, qui, après une naissance a priori banale, fixa très rapidement une littérature sacrée et profane d'une richesse extraordinaire dont les chefs-d'œuvre sont intemporels.

Les dieux, le destin et l'au-delà

C'est en réponse à un désir de compréhension de l'univers, qui les dépassait, que les anciens imaginèrent un système religieux aussi complexe.

Des peuples très religieux

Sumériens et Égyptiens eurent de riches et longues expériences religieuses, à l'image des seconds, qui, durant toute l'Antiquité, ont adoré les mêmes divinités, conservé les mêmes rites et croyances funéraires. Entourés de cet invisible où régnaient des êtres surnaturels, à la fois familiers et inaccessibles, justes et inquiétants, qui contrôlaient les éléments naturels, donnaient ou ôtaient la vie, dispensaient les biens et les maux, ils se firent un devoir absolu de satisfaire leurs exigences.
Les Sumériens acceptaient d'autant « mieux » le malheur comme inéluctable châtiment divin pour le « pécheur » qu'ils savaient les dieux disposés à leur révéler leur destin et qu'ils maîtrisaient des techniques d'interprétation magico-religieuses (divination) ainsi que des moyens d'éloigner ces peines tant redoutées (exorcisme).

Un livre pour la vie

Dans le *Livre des morts* (de même nature que les plus anciens *Textes des pyramides* et *Textes des sarcophages*), placé, dès le XIVe siècle av. J.-C., auprès du défunt, figurait, parmi les rituels religieux et formules magiques pour l'au-delà, la révélation de l'épreuve soumise au candidat à la survie. Son âme (son cœur) devait être au moins aussi légère que le poids de la plume symbolisant la justice et la vérité, sous peine d'être dévorée.

Polythéisme et anthropomorphisme

Polythéistes, ils honoraient de très nombreux dieux, ce qui n'excluait pas qu'une personnalité divine pût temporairement être l'objet d'une ferveur plus intense, sans que les autres aient été négligées.
En Égypte, à l'exception du court épisode du règne d'Aménophis IV, dit Akhenaton, qui imposa une religion solaire à dieu unique (Aton, le disque solaire), le polythéisme* se fondait sur une vision unitaire et abstraite du divin. Une même essence divine, Amon Rê, pouvait ainsi s'exprimer sous des traits divins différents. Leurs dieux étaient également

anthropomorphes, et donc figurés à leur image (mais plus beaux, plus intelligents... pour les Sumériens) et à celle de leur société (monarchie héréditaire, vie de famille...).

Cosmogonie*, anthropogonie et théogonie

Afin de répondre à leurs questions essentielles sur l'ordre du monde, ces peuples imaginaient les histoires plus ou moins vraisemblables que sont les mythes, destinées à expliquer sous des formes naïves mais subtiles les origines du monde, des dieux et des hommes.
L'Épopée de la création fit ainsi de Mardouk (en Mésopotamie), désormais promu dieu protecteur du pouvoir temporel, celui qui avait triomphé de la mer primordiale, organisé et rendu viable le cosmos, assigné une place à chaque dieu et créé les hommes, qui, par leur travail, devaient assurer à ces dieux une vie décente. Quant au *Poème du supersage*, il justifia la condition humaine (vie limitée, stérilité, fléaux) par la volonté des dieux de vivre en toute quiétude, loin des bruits et menaces d'une masse d'humains trop nombreux.

La vie dans l'au-delà

Alors que les Sumériens s'imaginaient la mort comme la triste et définitive somnolence d'une ombre fantomatique détachée d'un corps décomposé, les Égyptiens pensaient que la personnalité humaine libérait après la mort esprit et force vitale, en gardant un lien avec un corps apte à renaître dans le monde souterrain pour peu qu'il fût momifié afin de conserver son apparence physique. Il partait alors pour un long voyage qui devait le voir triompher des puissances infernales avant de subir le redoutable jugement d'Osiris (dieu du monde des morts). Ses qualités humaines (bonté, justice) une fois « pesées », une vie éternellement heureuse lui était ou non accordée.

Devenir un dieu

Sous l'Ancien Empire égyptien, seuls les souverains défunts étaient assimilés au dieu Osiris, lequel fut, selon le mythe, tué et découpé en morceaux par son frère, retrouvé par sa compagne Isis et reconstitué par Anubis pour une nouvelle vie dans l'au-delà. Durant le Moyen Empire, les particuliers s'approprièrent cette croyance, devenant à leur mort de nouveaux Osiris.

Égyptiens et Sumériens imaginaient la société divine dotée d'un ordre socio-politique si bien pensé que le non moins parfait ordre terrestre ne pouvait à leurs yeux qu'émaner d'une main divine.

Des constructions dédiées au sacré

Rien n'était trop beau pour plaire à ces dieux qui vivaient parmi les hommes, ni même à ces hommes qui accédaient au statut de divinité après leur mort.

Des souverains bâtisseurs

Les rois étaient les maîtres d'œuvre exclusifs et infatigables d'une architecture grandiose qui absorbait des ressources gigantesques et mobilisait un nombre de travailleurs démesuré. Il s'agissait pour eux de répondre aux souhaits divins, de magnifier leur puissance et de s'opposer en créateurs d'ordre aux forces du chaos, à l'image du pharaon. Édifier, restaurer, agrandir, embellir, fortifier, creuser des canaux étaient des actions sacrées et fortement ritualisées. Bien que d'autres avant lui aient fait ériger des pyramides (de Djéser, à Saqqarah, ou de Kheops) ou embellir le temple thébain de Karnak, l'œuvre de Ramsès II fut l'exemple même de cet état d'esprit. Partout en Égypte il signa ses propres réalisations, depuis la construction d'une splendide capitale à sa gloire, Pi-Ramsès (« maison de Ramsès »), et du grandiose Ramesséum (« temple des millions d'années ») sur la rive gauche du Nil, à Thèbes, jusqu'aux soins attentifs apportés aux temples des grandes capitales traditionnelles de l'empire qu'étaient Memphis, Héliopolis et Thèbes.

Adieu la pyramide

À partir du Nouvel Empire, les pharaons furent enterrés dans la Vallée des Rois et abandonnèrent la structure pyramidale pour des hypogées (tombeaux souterrains) creusés dans une montagne dominant Thèbes. Durant la Basse Époque, ils se firent inhumer dans un temple situé dans leur nouvelle capitale, Tanis.

Le confort des dieux

Les cultes rendus aux dieux (et aux ancêtres divinisés) faisaient l'objet d'une religiosité et d'un ritualisme extrêmes. Des temples somptueux leur étaient dédiés, des statues leur étaient consacrées, dans lesquelles ils venaient chaque jour s'incarner et recevoir leurs offrandes. La ville de Babylone ne comptait pas moins de 43 temples urbains, dont le principal abritait

le dieu tutélaire Mardouk. Le plus impressionnant de tous était une tour à degrés, une ziggourat haute de 80 mètres, de sept étages, dont le but avoué était d'atteindre le ciel. Cette tour de Babel (Babylone en hébreu), achevée par Nabuchodonosor, dont il ne reste aujourd'hui que les fondations, a d'ailleurs suscité par sa démesure la condamnation biblique. Richement aménagés et généreusement dotés, ces temples constituaient de véritables unités de production destinées à l'entretien de la divinité et tout un personnel était requis au quotidien pour exécuter le rituel, la vêtir et la nourrir.

Le nouvel an

À l'occasion du nouvel an fêté en l'honneur du dieu Mardouk, sa statue pénétrait par la porte d'Ishtar et empruntait la grande voie processionnelle qui la traversait pour rejoindre la ziggourat (lieu de son mariage sacré avec la grande prêtresse), puis son temple, qu'il réintégrait pour y recevoir l'hommage des dieux tutélaires des autres villes.

L'éternité des morts

Le monument funéraire qu'est la pyramide fut édifié par les pharaons comme superstructure destinée à recevoir leur tombe. Les plus anciennes, à degrés, s'inscrivaient dans un vaste complexe reproduisant le palais royal du défunt. Symbolisant l'escalier destiné à l'ascension céleste du roi ressuscité, elles affirmaient l'éternité de sa qualité royale dans l'au-delà. À la fin du IIIe millénaire, elles furent remplacées par des pyramides lisses dont le sommet symbolisait le lieu d'envol de Rê (dieu-soleil), assimilé à un oiseau. La survie du pharaon divinisé, fils de Rê, était alors associée au cycle solaire, puisqu'il accompagnait Rê dans son voyage quotidien, traversant pendant la nuit le monde souterrain (royaume d'Osiris) en s'y régénérant, pour renaître le matin suivant.

Dans sa version classique, la pyramide, interdite à l'accès profane, renfermait un caveau avec un sarcophage entouré d'un riche mobilier funéraire, de magasins, d'appartements dont les murs étaient ornés des fameux *Textes des pyramides* faits de formules magiques contre les forces maléfiques, de prières pour la survie, etc. Dans un temple, au pied d'un canal relié au Nil, était préparé le corps, alors qu'un temple adossé à la pyramide recevait les cultes rendus à Rê et au pharaon.

Les pharaons ne ménagèrent pas leurs forces pour parfaire le travail de construction de leurs prédécesseurs et faire ainsi œuvre d'éternité pour leurs dieux, pour leurs morts, mais aussi pour eux-mêmes.

Un palais au pouvoir irrésistible

À l'âge du bronze, les Mycéniens firent l'heureuse rencontre des Minoens, avec lesquels ils partagèrent une suprématie sur le monde égéen qui n'eut rien à envier à la puissance des royaumes d'Orient.

Maîtresse des mers

La Crète, carrefour stratégique des échanges avec l'Orient, fut à la tête d'une puissance maritime irrésistible (véritable thalassocratie, selon les Anciens) qui lui permit de dominer la Méditerranée orientale, de s'établir sur les côtes d'Asie Mineure et de commercer avec l'Égypte.

Une fin brutale

La disparition brutale des palais crétois, à l'exception de celui de Cnossos, vers 1450 av. J.-C., serait vraisemblablement due à une conquête mycénienne. Celle des palais mycéniens (fin du XIIIe siècle av. J.-C.) serait la conséquence de conflits internes (affrontements entre palais, révoltes) et d'attaques extérieures.

Le pouvoir politique du palais

Pendant qu'à la fin du IIIe millénaire s'épanouissait en Crète une brillante civilisation, les premiers Grecs, des migrants indo-européens, s'installaient dans les riches plaines de la Grèce continentale (notamment le Péloponnèse) pour y prospérer du XVIe siècle av. J.-C. jusqu'à la destruction, au XIIIe siècle av. J.-C., de ce système politique et économique qu'ils avaient en commun avec les Crétois : le palais. Plusieurs de ces centres, chacun sous l'autorité d'un roi-prêtre en Crète (Minos, à Cnossos) ou d'un chef guerrier à Mycènes, se partagèrent, sans conflits apparents, la domination de vastes territoires, sur l'île comme sur le continent. Qu'il y eût unification politique, reconnaissance tacite de la suprématie de certains d'entre eux, alliances étroites ou équilibre du rapport de forces, ces palais fonctionnaient en autonomie au sein d'une forte unité culturelle.

Palais minoens et cyclopéens

Les palais mycéniens (adjectif désignant la civilisation continentale de cette époque en Grèce) étaient le plus souvent puissamment fortifiés. Ceux de Mycènes et de Tirynthe furent les plus impressionnants. Leurs murs massifs, de plusieurs mètres de largeur, faits de blocs de pierre superposés pesant plusieurs centaines de tonnes, étaient qualifiés de cyclopéens en référence aux géants de la mythologie qu'étaient les Cyclopes. Au centre du site, le palais royal, le plus souvent en hauteur (acropole, colline), dominait une ville basse. Le tout était ceinturé par un vaste rempart flanqué de portes monumentales, à l'image de la célèbre porte des Lions à Mycènes. La surface démesurée de ces forteresses était un signe de puissance, mais elle répondait aussi au souci de protection des populations alentour en cas d'attaques réelles ou imaginées. Fortifications, passages souterrains, portes dérobées et galeries étaient la marque d'une très grande maîtrise architecturale. La configuration du palais crétois était tout autre : non conçu pour la défense, et donc sans fortifications, il était l'élément principal d'un noyau urbain librement accessible à tous. Son autorité incontestée ne semblait donc pas s'imposer par la force, et de sa monumentalité se dégageait une atmosphère de sérénité sans doute rendue possible par son insularité et son existence pacifique.

Les quatre dauphins, fresque du palais de Cnossos (Crète).

Le palais comme centre économique

La vie économique d'une région était planifiée au niveau du palais grâce à une administration remarquablement organisée. Centre de décision, de contrôle, de production, de stockage et d'échanges, le palais mycénien possédait ainsi la terre, employait de très nombreux artisans spécialisés et contrôlait des paysans dépendants qui lui devaient l'impôt en nature et la corvée.

En Crète, comme à Mycènes, il était organisé en aires fonctionnelles. Outre les pièces d'habitation, les salles du trône, de réception et de cérémonies religieuses, il comptait des bureaux administratifs, des ateliers et des magasins aux très grandes capacités de stockage. Les entrées (production) et sorties (redistribution, commerce) y étaient comptabilisées avant archivage sur des tablettes d'argile à l'aide d'idéogrammes (écriture syllabique), le linéaire A crétois, non encore déchiffré, et le linéaire B mycénien, adaptation du précédent et ancêtre du grec.

Les nombreuses tablettes d'argile miraculeusement conservées grâce à l'incendie des palais (par cuisson) laissent apparaître une vie socio-économique pensée dans les moindres détails par des bureaucraties aussi séduisantes qu'effrayantes.

Richesses, splendeurs et raffinement

Jusqu'à leur exhumation, entre la fin du XIXe et le milieu du XXe siècle, les richesses de Mycènes et de Cnossos brillaient de tout leur éclat dans des récits antiques dont on pouvait penser qu'ils en exagéraient l'importance.

Masque en or dit d'Agamemnon (XVIe siècle av. J.-C.). Athènes, Musée national.

La richesse des tombes mycéniennes

Le visiteur des vestiges de l'acropole de Mycènes, s'il se laisse charmer par la poésie homérique qui chantait la « *Mycènes riche en or* » et s'il a en mémoire le célèbre masque d'or, dit d'Agamemnon, exhumé en ces lieux, ne peut qu'être fasciné par la majesté des tombes collectives datant du XVIe siècle av. J.-C., qui ne lui offrent pourtant que des fosses vides ! Protégées par une enceinte, elles étaient d'une richesse exceptionnelle en mobilier, bijouterie, orfèvrerie et armurerie : masques funéraires censés conserver les traits et le souvenir des grands personnages, feuilles d'or recouvrant les morts, diadèmes (couronnes royales), armes (de combat et d'apparat), casques, etc., tous d'une qualité et d'une décoration étonnantes. Ce luxe ostentatoire révélait la présence de familles princières et de puissants chefs guerriers enterrés en grande pompe et héroïsés pour l'éternité (un culte était rendu à ces personnages censés protéger la communauté des vivants). L'érection de tombes plus grandioses encore, dites tombes à *tholos* (voûte, coupole), composées d'une chambre funéraire circulaire à voûte (en forme de ruche) creusée dans le sol, recouverte d'un tumulus et accessible par un long et solennel couloir débouchant sur une porte monumentale, en fut le signe le plus éclatant.

Grandioses tombes

On a longtemps cru qu'une des *tholoi* renfermait le trésor d'Atrée, héros éponyme du Péloponnèse, premier roi légendaire de Mycènes, père des non moins légendaires Agamemnon, roi de Mycènes et d'Argos, et Ménélas, roi de Sparte.

Le raffinement des Crétois

À l'apogée de la civilisation mycénienne, du XVIe au XIVe siècle av. J.-C., les Crétois (Minoens) cultivaient le raffinement depuis fort longtemps. Les palais (Cnossos, Malia...) étaient avant tout pensés comme lieux de vie destinés au confort et à la commodité (salles de bains...). La clarté y était omniprésente (nombreuses courettes) et la distribution des pièces autour d'une grande cour centrale était un joyau d'architecture.

Leur art, qu'il ait eu pour support un vase ou un mur, fascine par sa liberté, ses jeux de couleurs, sa finesse, sa sensibilité et sa vitalité. Ainsi en est-il pour les thèmes et les motifs qui l'inspiraient : animaux marins (poulpes, dauphins), végétaux luxuriants comme probables symboles de fertilité, motifs tournoyants, spirales... Si la symbolique religieuse y fut permanente, les références guerrières en furent en revanche absentes.

Le Labyrinthe

La Crète fut, selon la légende, le lieu où le roi Minos aurait fait bâtir par Dédale un palais à l'architecture si complexe que seul son concepteur pouvait y retrouver son chemin. Il est probable que le Labyrinthe duquel sortit Thésée (roi légendaire d'Athènes), après y avoir vaincu le terrible Minotaure grâce au concours d'Ariane, évoquait le palais de Cnossos.

Les rapports entre Mycéniens et Crétois

La culture mycénienne s'est largement nourrie, à l'instar des Cyclades, d'ailleurs, de l'influence crétoise. Très tôt, les Mycéniens eurent des relations commerciales et diplomatiques avec les Minoens. Plus tard, ils colonisèrent des lieux que ces derniers occupaient. Il est même probable qu'ils aient conquis la Crète, et qu'en s'enrichissant de son modèle culturel singulier ils aient contribué à sa diffusion sur le continent. Leurs céramiques, leur travail du métal ainsi que leurs techniques artistiques portaient la marque minoenne, alors que des objets de luxe produits par des artisans minoens jonchaient le sol des tombes à fosse. Ils n'en conservaient pas moins leurs spécificités culturelles (passion pour la guerre et les jeux violents). Leur puissance reposait ainsi sur une subtile symbiose entre raffinement et culture guerrière née de leur rencontre avec une civilisation en tout point opposée à leurs valeurs.

Les chefs guerriers mycéniens constituent l'archétype de cette nécessaire association entre valeurs guerrières, puissance militaire et étalage d'un train de vie luxueux, voire ruineux, qui caractérisait le pouvoir dans nombre de sociétés anciennes.

Épopée et héroïsme

Les temps héroïques de l'épopée homérique parlent à notre imaginaire, qui ne peut faire le deuil de l'existence réelle de ces héros universels que furent Ulysse, Agamemnon et tous les autres.

Le genre de l'épopée

La période qui court de l'effondrement du monde mycénien (fin du XIIIe siècle av. J.-C.) à la naissance des cités (début du VIIIe siècle av. J.-C.) est couramment qualifiée de « siècles obscurs » en raison des maigres traces (disparition de l'écriture) que nous ont laissées ces temps troublés.

L'historien l'approche toutefois par le biais de l'une des œuvres les plus riches de l'histoire littéraire, qui appartient pour toujours au patrimoine culturel commun. Cette épopée, faite de deux longs poèmes, *L'Iliade* et *L'Odyssée*, mêlant le merveilleux à l'authentique pour célébrer de grands faits héroïques, n'était pas un genre littéraire nouveau. Sumer avait déjà sa magnifique épopée de Gilgamesh, et la Grèce héritait d'une longue tradition épique transmise oralement. Plus que toute autre, pourtant, l'œuvre qui fut attribuée au Grec Homère, sans doute sous sa forme la plus achevée et dans sa version écrite du milieu du VIIIe siècle av. J.-C., constitua le fond culturel et imaginaire de tout un peuple avant d'inspirer par la suite artistes, poètes et dramaturges. Son ou ses auteurs furent peut-être de ces aèdes, récitant une poésie au rythme de la musique à la demande d'élites aristocratiques friandes de belles histoires et leur donnant ainsi l'occasion de s'identifier à ces vaillants guerriers dont

La fatalité de la mort

Le récit légendaire des aventures de Gilgamesh (roi d'Uruk vers 2600 av. J.-C.), chef-d'œuvre de la littérature assyro-babylonienne, est d'une humanité étonnante. Comment ne pas s'identifier à cet homme comblé par la vie qui comprit avec effroi l'inéluctabilité de la mort et se mit en quête de l'immortalité lors d'un voyage périlleux au cours duquel il ne put se consoler que l'espace d'un instant avec la Plante-de-vie (car elle lui fut aussitôt dérobée), avant de rentrer chez lui, épuisé et résigné, sans autre prétention que de jouir des plaisirs de l'existence ?

les exploits remontaient à un lointain et radieux passé, au point qu'ils s'en réclamaient les descendants. Quel noble n'eut pas rêvé d'être un Agamemnon, un Ulysse ou un de ces jeunes guerriers tombés en héros au champ d'honneur (Achille, Hector), à la fois hommes et surhommes et en commerce avec des dieux aussi bien disposés à les protéger qu'à les tourmenter ?

La guerre de Troie a-t-elle eu lieu ?

Peut-on accorder une valeur historique à ce récit qui mêle inventions et réalités d'époques différentes ? Peut-on même identifier les rois mycéniens aux héros homériques de la guerre de Troie ?
L'Iliade contait la fin de cette épopée qui, pendant dix ans, aurait opposé une coalition d'Achéens, emmenée par Agamemnon, aux Troyens et abouti à la chute de Troie grâce au fameux cheval de bois conçu par le rusé Ulysse. *L'Odyssée* (d'*Odusseus*, nom grec d'Ulysse) contait les aventures multiples (naufrage, monstres, etc.) d'Ulysse sur les rivages les plus lointains, lors de son retour, qui dura dix ans, vers son royaume d'Ithaque. Archéologues et historiens se sont penchés sur cette énigme. Heinrich Schliemann, qui à la fin du XIXe siècle fouilla le site de Mycènes, pensait avoir découvert à Hissarlik (sur la côte turque) la Troie contemporaine de l'épopée, avec son fameux « *trésor de Priam* » évoqué par Homère. Que l'on accepte ou non la réalité de cette guerre, que soit attestée ou non la destruction brutale du site de Troie par un incendie au milieu du XIIIe siècle av. J.-C., il reste que la Troie de l'époque mycénienne ne fut pas la cité décrite par Homère et que le monde grec contemporain de sa destruction, composé de petites communautés dominées par des roitelets, n'eut rien de la puissance mycénienne. Nous sommes donc loin de cette grande guerre qui ne fut peut-être qu'une attaque de razzia exagérée par la poésie afin de rendre plus efficace le discours épique.

Éclaircir l'obscur

Pendant les « siècles obscurs », la culture matérielle s'appauvrit, l'écriture disparut, les constructions en pierre se raréfièrent et les sites furent abandonnés. Mais, progressivement, le fer remplaça le bronze, la céramique réapparut avec des décors plus élaborés, les déplacements lointains reprirent et les temples consacrés aux divinités protectrices se multiplièrent. Les cités étaient en train de naître.

L'épopée, poésie du fond des âges, tout d'abord transmise oralement et maintes fois retouchée par l'imagination des hommes, se dérobe aux méthodes de l'historien et incite celui-ci à apprécier son récit avec prudence.

La civilisation phénicienne

Aventuriers, marins et brillants marchands, les Phéniciens, à l'image du légendaire Cadmos, parti en Grèce pour retrouver sa sœur Europe, facilitèrent pour le bien de l'humanité la rencontre entre l'Occident et l'Orient.

Un peuple regardant vers la mer

Ce peuple de culture sémitique nous est connu en grande partie grâce à ceux qui l'ont approché ; il doit son nom (*Phoinix*) aux Grecs, sans doute en référence à la teinture pourpre qu'il produisait. Il occupait dès le milieu du IIe millénaire av. J.-C. une étroite bande côtière enserrée entre montagnes et mer qui s'étirait du Liban, son noyau de peuplement, à la Syrie. De petites cités-États* indépendantes comme Byblos, Tyr ou Sidon se partageaient cette côte, qui offrait de bons ports naturels. C'est donc de son regard vers le large que naquit très tôt sa vocation maritime. Carrefour d'échanges entre Orient et Occident, la côte phénicienne ne cessa d'être convoitée et soumise par de puissants voisins. Ses cités réussirent pourtant à prospérer en préservant une relative indépendance, y compris entre elles, jusqu'à la domination assyro-babylonienne. Conservant leur identité sous l'autorité perse, elles furent hellénisées lors de la conquête d'Alexandre. Seule Carthage (dans l'actuelle Tunisie), fondée en 814 av. J.-C., ancien comptoir de Tyr (principal foyer d'expansion), joua un rôle majeur à partir du VIe siècle av. J.-C. en contrôlant des comptoirs en Méditerranée occidentale et en créant un empire capable pour un temps de défier la puissance romaine.

Une écriture

En 1758, un savant français, l'abbé Barthélemy, réussit à déchiffrer le phénicien à l'aide d'inscriptions bilingues (grec-phénicien). Une intuition géniale l'amena à penser que cette langue était proche de l'hébreu. Il identifia ainsi leurs consonnes et compléta le déchiffrement grâce à la version grecque. La filiation linguistique de ces trois langues était donc attestée.

Marins, voyageurs et commerçants

Dès le IXe siècle av. J.-C., les marins phéniciens, experts en cabotage et en navigation lointaine, rayonnaient en Méditerranée. Leurs fiers navires, fines galères rapides ou gros bateaux à coque ronde pour le commerce, suscitaient l'envie. Leur génie du commerce n'en déroutait pas moins. Homère se plaisait à stigmatiser ces marchands de camelote sans scrupules qui furent en réalité des négociants et des intermédiaires avisés, présents là où les affaires prospéraient. Fondateurs de colonies à Chypre, île du cuivre et escale importante vers l'Occident, commerçants dans tout le Proche-Orient, ils sillonnaient la mer Égée, exploraient l'Afrique du Nord, le sud de l'Espagne, la Sicile et l'Italie. Grâce à un réseau dense de partenaires commerciaux et à de nombreux comptoirs, ils échangeaient ainsi artisanat de luxe, pourpre et bois réputés (cèdre, cyprès) contre des métaux, des matériaux et objets précieux, du papyrus... et des esclaves.

Entente entre voisins

Au xe siècle av. J.-C., le roi Hiram de Tyr entretenait d'étroites relations avec le roi David. Or, lorsque Salomon hérita du royaume d'Israël, il put compter sur le Phénicien afin de mener à bien la construction du temple de Jérusalem : il put se procurer des matières premières et s'entourer d'artisans et d'architectes compétents.

Une civilisation ouverte sur le monde

Au cours de leur passage, certains artistes ou marchands se fixaient loin de chez eux, dans des quartiers d'étrangers (comme en Égypte), ou se fondaient dans la population locale. Ils se rendirent célèbres en diffusant un alphabet à vingt-deux lettres, lequel, paradoxalement, ne nous apprend rien sur leur quotidien. Comme pour l'hébreu ou le cananéen, langues parlées en Syrie et en Palestine, l'alphabet héritait lui-même d'une invention de la fin du IIe millénaire réalisée à Byblos et à Ougarit. Ainsi répandu à partir du Ier millénaire av. J.-C. au Proche-Orient et en Occident grâce aux Grecs, qui, après y avoir ajouté des voyelles, le transmirent aux Romains via les Étrusques, il constitue la base de tous les alphabets actuels.

Rares furent les peuples aussi ouverts aux influences extérieures. Inspirés par l'art et l'artisanat de leurs partenaires, auxquels ils empruntèrent nombre de motifs, les Phéniciens furent aussi à l'origine de subtiles et inédites créations. Reprenant une technique ancienne, ils devinrent ainsi des virtuoses dans le soufflage et le polissage de la pâte de verre.

> Les Phéniciens, qui ont à la fois fasciné et suscité de si nombreux commentaires peu élogieux, lancèrent à la mer une bouteille qu'aucun rivage de la Méditerranée ne repoussa, l'alphabet.

Aristocratie, tyrannie et démocratie

Les cités grecques conserveront le souvenir de ces législateurs exceptionnels auxquels elles accordèrent la paternité des lois qui firent émerger la *polis* comme communauté de citoyens égaux partageant le même destin.

Une crise sociale décisive

La démocratie* antique n'est pas née ex nihilo. Ses conditions d'émergence sont apparues à la fin du VIIe siècle av. J.-C., non dans le consensus, mais lors d'une crise. Après la disparition progressive de la royauté et le partage du pouvoir entre les aristocrates, des législateurs lui ouvrirent la voie à Athènes. La tradition antique attribuait à Solon (début du VIe siècle av. J.-C.), l'un des sept sages de la Grèce et grand législateur de l'Antiquité, la résolution d'un grave conflit entre les puissants, qui avaient confisqué les terres, et le petit peuple paysan. Parmi ceux qui n'avaient pu s'acquitter de la part de leur récolte qui revenait aux *aristoi*, certains auraient été réduits en servitude, voire vendus comme esclaves, situation à laquelle il se vanta d'avoir mis fin. Tout aussi décisif fut le code de lois (égalité de tous devant la loi) qu'il aurait rédigé. Si un nombre exagéré de réformes lui furent attribuées a posteriori, il lui revient d'avoir permis au peuple d'affirmer son rôle dans la cité.

Un tyran éclairé

Le tyran Pisistrate, qui régna au milieu du VIe siècle av. J.-C. à Athènes, conserva les institutions de Solon et contribua à la prospérité et à la grandeur de la cité en soutenant de grands travaux, en lui offrant de grandes fêtes et en entamant une politique expansionniste. Rien à voir avec la tyrannie des Trente, qui fit régner la terreur en 404 av. J.-C.

L'expérience tyrannique

La persistance des troubles sociaux (revendication pour le partage égalitaire des terres) ainsi que la reprise des luttes de pouvoir entre factions aristocratiques fut propice à l'ascension d'un aristocrate, Pisistrate, qui régna en tyran (pouvoir personnel fort), s'appuyant sur la masse du peuple, auquel il accorda des faveurs (distributions de terres, exemptions de taxes, prêts) au détriment des riches. La tyrannie, renversée à la fin du VIe siècle av. J.-C., fut un épisode crucial contribuant à sa manière, comme étape « nécessaire », au partage plus équilibré du pouvoir au profit du peuple, alors même que les Athéniens de la période suivante la redouteront comme le plus grave danger pour leur démocratie.

La naissance de la démocratie

Clisthène, en aristocrate éclairé, contribua en 508-507 av. J.-C. à la mise en forme définitive de la démocratie à Athènes. S'appuyant sur le peuple, il remodela l'espace civique afin de briser les réseaux de clientélisme entretenus par les clans aristocratiques, permit un accès plus large du peuple à la citoyenneté et posa les principes d'*isegoria* (liberté de parole politique pour tous) et d'*isonomia* (partage égalitaire des droits et des devoirs politiques entre les membres du corps civique). Un des organes majeurs de la démocratie, le conseil populaire, fit désormais contrepoids au pouvoir de l'ancien et puissant Aréopage, conseil composé d'aristocrates désignés à vie.

Une expérience singulière

Nombre de cités grecques connurent des évolutions très différentes, et notamment Sparte, grande cité du Péloponnèse de la période archaïque et classique que l'on tient volontiers pour la rivale naturelle d'Athènes, tant tout les opposait.

Ses institutions furent, elles aussi, attribuées à un très ancien législateur, Lycurgue, lequel aurait procédé à un partage égalitaire des terres (à la différence d'Athènes) entre citoyens. Celui-ci ne concerna pourtant qu'une élite guerrière qui fit travailler à son profit une population asservie, les hilotes, sans que jamais cette cité n'abandonnât son régime oligarchique fondé sur une double royauté et un conseil restreint d'une trentaine de citoyens de plus de 60 ans (gérontes).

Vie spartiate

Sparte, grande cité de Laconie, se caractérisa par l'extrême rigidité de son système social. Ses citoyens, guerriers à plein temps, étaient « dressés » dès leur plus jeune âge, sous la responsabilité de la cité. Ils étaient soumis à une stricte discipline, à l'austérité, à la vie communautaire, aux rites initiatiques guerriers de l'adolescence (enlèvements d'hilotes, chasses à l'homme…).

La « révolution clisthénienne » fut un événement crucial puisqu'elle créa les conditions pour qu'en lieu et place des antagonismes le débat, principal ingrédient de la démocratie, soit désormais source de toute décision.

La colonisation grecque en Méditerranée

La colonisation grecque ne fut pas une simple reconnaissance maritime, mais un mouvement singulier irrésistible aux conséquences cruciales pour la diffusion de l'hellénisme dans tout le bassin méditerranéen.

Une expansion irrésistible

Le monde grec connut entre le milieu du VIIIᵉ et la fin du VIᵉ siècle av. J.-C. une expansion maritime originale d'une ampleur inégalée. Des Mycéniens avaient déjà ouvert des voies commerciales et d'autres Grecs avaient migré sur les rives d'Asie Mineure. Mais désormais tout le pourtour méditerranéen était exploré, des rives de la mer Noire jusqu'au détroit de Gibraltar (colonnes d'Hercule). L'Italie (Cumes, Tarente...) et la Sicile (Syracuse, Agrigente...) furent les premières étapes d'un vaste mouvement d'installations qui s'intensifia avec la multiplication des lieux de départ et d'arrivée. Puis les colonies essaimèrent à leur tour, achevant de quadriller les côtes du sud de l'Italie et de la Sicile, pendant que les côtes d'Afrique (Cyrène, en Libye), de la Gaule (Massilia, Antipolis, les Marseille et Antibes actuelles) et les rives de la mer Noire (Byzance) étaient investies. Cette « colonisation » tous azimuts ne manqua pas de marquer l'esprit des Grecs. La Méditerranée, autrefois explorée par Ulysse, était assurément leur mer « intérieure ».

Colonies

La colonie grecque fut, par son esprit d'indépendance et son dynamisme culturel, porteuse de modèles qui eurent une grande influence en Méditerranée, notamment sur le plan architectural et urbanistique. La conception de ses temples et théâtres fut ainsi originale, tout comme la grandeur de leurs proportions (Sélinonte et Syracuse en Sicile). L'espace urbain fut aussi organisé de façon fonctionnelle et quadrillé par un maillage orthogonal de rues en Italie du Sud.

Des circonstances de départ fort diverses

Les quelques récits de fondations disponibles évoquent comme raisons essentielles de départ des crises internes aux cités, des difficultés de subsistance ou le manque de terres. L'approvisionnement en biens vitaux (céréales, métaux...), le contrôle de débouchés ou de voies de passage stratégiques (Byzance sur le

Bosphore) ou simplement l'appel de l'aventure en furent d'autres. Chaque installation était un cas particulier qui répondait à une logique propre. Tarente fut ainsi fondée par des exclus et des exilés de Sparte à la recherche de terres, Marseille par des Phocéens d'Asie Mineure en quête d'une base avancée pour un commerce de longue distance...

Temple de la Concorde à Agrigente, Sicile (v. 430 av. J.-C.).

Une expansion singulière

Le terme de colonisation est aussi commode qu'abusif. Une colonie ne fut jamais le prolongement d'une métropole qui la soumettait, ni un comptoir provisoire, comme Naucratis sur le delta du Nil ou Ampurias sur les côtes ibériques. Elle constituait une nouvelle cité indépendante qui, selon les circonstances, conservait avec sa cité d'origine des liens plus ou moins lâches. Mouvement de groupes d'hommes d'horizons divers qui tentaient l'aventure, la colonisation pouvait être conduite par une cité, qui chargeait un chef d'expédition d'organiser la cité nouvelle, de partager les terres, d'installer les sanctuaires, voire les institutions, ou bien initiée par des exilés ou des fugitifs.

Des conséquences sur la Méditerranée

Cette aventure modifia l'équilibre de l'espace méditerranéen, et notamment le partage d'influence entre Grecs, Étrusques et Phéniciens, qui ne se fit pas sans rivalités dans sa partie occidentale. Si l'expansion contribua sans doute à l'intensification des échanges, son élan permit surtout la diffusion de l'hellénisme (culture grecque) et de son pouvoir de séduction. Dieux et croyances, langue et alphabet, cité comme espace urbain et politique et mode de vie furent ainsi un formidable vecteur d'acculturation, même si les nouvelles cités innovèrent à leur façon dans nombre de domaines. L'unification politique n'eut en revanche jamais lieu.

Les colonies, pôles de diffusion de l'hellénisme, furent également à l'origine d'expériences inédites qui n'en firent jamais de pâles répliques de leur cité fondatrice. Indépendantes politiquement, elles créèrent leur propre histoire, qu'elles lièrent ou non à celle des cités mères.

La civilisation étrusque

Sarcophage des époux (525-500 av. J.-C.). Paris, musée du Louvre.

Longtemps considéré comme mystérieux, ce peuple déroutant au visage souriant nous convie à l'accompagner dans ses banquets et ses ballets souterrains.

L'Italie antique avant les Romains

Les Étrusques constituent la civilisation indigène la plus brillante de l'Italie antique préromaine. Ce peuple (*Tusci* en latin) donna son nom à la Toscane, qui fut fière à la Renaissance de faire des Étrusques ses ancêtres. Leur société s'épanouit à partir du IXe siècle av. J.-C. et atteignit son apogée aux VIIe et VIe siècles av. J.-C., avant d'être définitivement absorbée par Rome après maintes résistances vers le Ier siècle av. J.-C. De son foyer originel situé entre la mer Tyrrhénienne, le Tibre et l'Arno, l'Étrurie étendit son emprise vers le nord (plaine du Pô) et vers le sud jusqu'en Campanie, coiffant ainsi un vaste territoire riche en ressources agricoles et en métaux (fer). Chacune de ses cités-États* (notamment Véies), au nombre de douze selon la tradition, était gouvernée par un roi entouré d'une puissante aristocratie.

Bons ou mauvais présages

Les haruspices (devins) étrusques, qui avaient pour mission de déchiffrer les dispositions divines, étaient passés maîtres dans l'examen des entrailles d'animaux (foie), desquelles ils tiraient des présages, tout comme dans l'interprétation de la foudre. Les Romains héritèrent de ces pratiques : leurs augures interprétaient le vol des oiseaux avant toute décision cruciale.

La mort et la gaieté

Les sources antiques insistaient sur les mœurs étranges de ce peuple à la fois pirate, très religieux et avide des multiples plaisirs terrestres. On ne peut être que fasciné par le raffinement extrême de ses élites, que nous rappellent le luxe ostentatoire de leurs mobilier et parures et les fresques tombales inspirées par l'art du banquet, la danse, les jeux et les festivités.

Cette gaieté omniprésente étonne chez un peuple si fortement préoccupé par la mort, dont le quotidien était fait de prières, d'offrandes d'objets votifs aux divinités et d'attention aux présages. Des nécropoles, aussi élaborées que l'urbanisme des vivants et à son image, laissent suggérer que ce peuple se préparait à la mort au moins autant qu'il jouissait de la vie, peut-être parce qu'assuré d'une vie dans l'au-delà sans rupture avec l'harmonie d'ici-bas, ou simplement par fatalisme.

Jeux et spectacles

Le goût immodéré des Étrusques pour le rythme, la mise en scène et le jeu est remarquable. La musique rythmait aussi bien les joutes, les ballets en armes et les tortures d'esclaves que les danses. Friands de sports de combat (lutte, boxe), de jeux du cirque, avec jongleurs et équilibristes, les Étrusques l'étaient aussi de courses spectaculaires de chevaux avec cavaliers voltigeurs. Le jeu restait avant tout un spectacle, bien que fût pratiquée, sous l'influence grecque, la compétition athlétique. Très ritualisé et empreint de religiosité, il lui fallait parfois prouver son efficacité en éloignant les épidémies et en fêtant la fertilité. Fait remarquable, propre à choquer l'esprit grec, hommes et femmes assistaient côte à côte aux spectacles et aux banquets.

Trait d'union entre Grecs et Romains

Les Étrusques commerçaient avec Carthage, la Gaule et l'Orient, mais avaient des contacts privilégiés avec le monde grec. Marchands et colons grecs fréquentaient leur côte ou des zones proches, pendant qu'eux visitaient le grand sanctuaire de Delphes et se laissaient pénétrer de mythologie grecque. Nourris de ces échanges culturels, ils influencèrent à leur tour le monde romain. L'urbanisme de Rome, ses institutions, ses magistratures, ses insignes de pouvoir, ses spectacles et sa mythologie portèrent leur empreinte.

Unité

Malgré leur autonomie politique, les cités étrusques avaient le sentiment d'appartenir à une unité culturelle cimentée par la religion. À l'image des Grecs, elles se réunissaient annuellement à Volsinies, ville sacrée et lieu de leur sanctuaire commun, pour des cérémonies et festivités diverses.

Si les Étrusques abandonnèrent à leurs adversaires romains leur indépendance politique, leur culture eut une seconde vie en imprégnant un monde romain qui conserva, qu'il l'ait ou non voulu, leur mémoire.

Guerres d'indépendance et rivalités entre cités

L'éloge des citoyens morts au combat, prononcé par Périclès dans une célèbre oraison funèbre, rappela aux vivants qu'ils devaient accepter la souffrance causée par des guerres à la fois fatales et nécessaires à la liberté.

Une préoccupation centrale

La guerre imprégnait la culture et les pratiques de la Grèce. Elle était un moyen de s'affirmer en défiant un adversaire, comme pour toute autre compétition. Les périodes de paix n'étaient que des trêves pendant lesquelles on se préparait à la guerre, notamment dans le cadre de l'éducation. Si la guerre « primitive » fut pratiquée comme une espèce de tournoi aux règles strictement respectées par les adversaires, si le conflit mycénien fut fait d'actes isolés (vendettas, razzias) et d'exploits individuels de guerriers d'élite, elle changea de nature à l'époque classique.
Avec la phalange hoplitique, innovation dans l'art militaire dès le VIIe siècle av. J.-C., l'armée devenait progressivement une armée de citoyens-soldats égaux (votant et faisant la guerre), un collectif étroitement solidaire, pendant que la guerre se muait en guerre totale (par son extension et ses dérives), pour devenir une guerre de conquête menée par des mercenaires à l'époque hellénistique.

Amis et égaux en armes

Les hoplites étaient les soldats puissamment équipés (casque, cuirasse, jambières, bouclier rond couvrant le corps, longue lance...) de l'infanterie lourde, qui évoluaient au sein d'une phalange (unité de combat organisée en rangs serrés) dans laquelle ils combattaient côte à côte, protégeant aussi la vie de leur voisin immédiat. C'est donc un groupe compact et soudé qui avançait face à l'adversaire, pour le faire reculer.

La liberté contre la barbarie

Le Ve siècle grec s'ouvrit sur la redoutable épreuve des guerres médiques opposant les Grecs à l'Empire perse, qui dominait alors tout l'Orient. Le roi perse Darius, freiné dans sa conquête méditerranéenne par une révolte de cités grecques d'Asie de plus en plus menacées par son avancée, envoya une expé-

dition punitive contre celle qui les avait soutenues, Athènes. Son armée fut défaite en 490 av. J.-C. à Marathon, en Attique, devant la résistance acharnée des hoplites athéniens (et la tactique de Miltiade).
À sa mort, son fils Xerxès, qui entendait effacer cet affront, prit lui-même la tête d'une armée qui occupa Athènes, alors abandonnée par ses habitants, pendant que Thémistocle, grand stratège athénien, persuadait ses concitoyens de résister sur mer.
Dix ans plus tard, la flotte perse fut détruite dans la rade de Salamine par les Grecs, désormais coalisés. Les Athéniens firent de cet événement mémorable le symbole de la supériorité du monde libre sur les Barbares*, des cités-États* sur un empire et de l'intelligence sur la force aveugle. Le despotisme oriental ne s'implanta pas en Grèce, fait crucial pour l'histoire de l'Europe.

L'homme aux multiples visages

Alcibiade fut l'une des figures les plus déroutantes de l'Athènes classique. Ce séducteur, disciple de Socrate, brillant orateur* et stratège, s'enfuit à Sparte après un scandale religieux, complota pour renverser la démocratie et participa plus tard à sa restauration, avant de s'enfuir de nouveau pour mourir en exil.

Splendeur et misère de l'impérialisme athénien

Athènes, qui s'était distinguée par son héroïsme, prit la direction d'une alliance militaire défensive destinée à contenir une menace perse qui allait bientôt s'affaiblir. Elle obligea toutefois ses alliés, parfois violemment, à rester dans l'alliance et à en supporter les astreintes (contingents militaires, tributs).
À la tête d'une puissance maritime irrésistible et maîtresse de la mer Égée, elle se vantait par la voix de son stratège Périclès des richesses que sa position procurait à sa démocratie*. Des tensions croissantes avec les cités du Péloponnèse alliées autour de Sparte, que l'impérialisme athénien inquiétait, annonçaient la guerre du Péloponnèse, qui allait déchirer les Grecs de 431 à 404 av. J.-C. et se conclure par la défaite humiliante d'Athènes sur mer à Aigos-Potamos.
À en croire Thucydide, son historien contemporain, ce conflit, dont toutes les cités sortirent meurtries, fut la conséquence d'une rupture dans l'équilibre des forces qui avait prévalu jusqu'alors entre elles.

Si la guerre fut pour les cités le moyen d'assurer leur liberté, une nécessité pour leur équilibre social ainsi qu'un ferment d'unité, la guerre du Péloponnèse précipita leur affaiblissement en leur imposant une paix contre nature.

Citoyens, métèques et esclaves

L'Athènes classique, à laquelle on reconnaît volontiers la paternité de la démocratie, s'accommodait d'inégalités de statut que l'esprit moderne tient pour antinomiques avec l'idéal démocratique.

Citoyens et non-citoyennes

La cité athénienne fut traversée par une opposition « naturelle » entre hommes et femmes. La vie publique était le domaine des premiers, tandis que la sphère domestique, l'*oikos**, était celui des secondes. La femme se montrait bien en ville pour y échanger quelque production ou participer à des fêtes religieuses, mais elle était exclue des lieux civiques et masculins (assemblée, stade...). Privée de citoyenneté (*politeia*), elle était socialement considérée comme une mineure sous tutelle d'un père, d'un frère, d'un mari ou d'un fils. Les violentes critiques que subirent certaines femmes « émancipées », à l'image d'Aspasie, compagne de Périclès, n'étaient donc pas surprenantes. Pour l'homme, l'accès à la « pleine » citoyenneté était un long parcours initiatique réservé aux seuls fils nés du mariage d'un citoyen et d'une fille de citoyen. Aux rites d'intégration au corps civique, depuis sa naissance jusqu'à sa majorité (éphébie*), s'ajoutaient les réunions fraternelles (banquets) et la mobilisation militaire. Ce statut de citoyen resta en Grèce classique l'exception pour les étrangers et les esclaves, et donc le privilège d'une minorité.

Liturgies

La cité, dans un souci de redistribution des richesses, imposait aux riches citoyens de remplir des fonctions civiques annuelles (équipage et entretien d'un navire, entraînement d'un chœur théâtral...) en y consacrant une partie de leur fortune. Beaucoup tirèrent vanité de ces liturgies, avant de s'y soustraire à mesure qu'elles se muaient en « impôts » toujours plus lourds.

La nécessité de l'esclavage

La distinction entre homme libre et esclave y fut également décisive, comme pour toute l'Antiquité. L'esclave, Barbare* le plus souvent acquis sur les marchés, ne jouissait d'aucun droit. Propriété de son maître, il pouvait être soumis à la torture sans être nécessairement

Proche-Orient et Égypte antiques | monde égéen et monde mycénien | monde archaï et Méditerran maltraité au quotidien. Attaché à l'*oikos* comme simple mobilier, il pouvait être vendu, loué ou gagé. Cet outil animé, selon le philosophe Aristote, était une nécessité socio-économique pour la démocratie. Il contribuait à la production de richesses, déchargeait le citoyen actif qui pouvait se l'offrir et enrichissait une minorité de rentiers. Exerçant les activités les plus diverses, il se voyait parfois confier l'intendance d'un atelier, d'une banque..., jusqu'à gagner son indépendance financière.

Paideia

Les aristocrates se voyaient dispenser une éducation (*paideia*) privée qui cessa au Ve siècle av. J.-C. d'être essentiellement militaire. Gymnastique, musique et chant, poésie et, dans une moindre mesure, littérature, puis bientôt exercices intellectuels proposés par les sophistes nourrissaient un idéal d'ordre éthique, celui d'être beau et bon.

Le statut ambigu du métèque

Le métèque, étranger attiré par la prospérité ou le renom d'Athènes, y était résident permanent. Dépourvu de droits politiques et exclu de la propriété foncière, réservée aux citoyens, il était protégé par la cité mais astreint à nombre de contributions (taxe de résidence, obligations militaires...). Cantonné aux activités commerciales, artisanales ou intellectuelles (comme Aristote ou certains sophistes), il pouvait s'enrichir (comme propriétaire d'ateliers d'esclaves), voire gagner de l'influence et se mêler aux milieux aristocratiques, dont certains membres se plaisaient à lui rappeler son origine.

Oisiveté, pauvreté et richesse

L'idéal de vie aristocratique était l'oisiveté (soutenue par une rente issue d'un domaine foncier), opposée au travail, censé empêcher le citoyen d'assumer ses obligations civiques et d'entretenir son corps et son esprit. Seule l'agriculture était vertu parmi les activités productives, le commerce et l'artisanat étant dégradants. La dépendance était encore plus stigmatisée. Le citoyen pauvre était celui qui devait travailler pour autrui (le cas de nombreux Athéniens). Quant à la richesse, qui menait à l'honorabilité, plus qu'un niveau de vie, elle était un mode de vie (privilèges de l'éducation et des loisirs) qui faisait du citoyen un honnête homme.

Les inégalités économiques ne recoupaient pas les inégalités sociales, si bien que certains citoyens pouvaient être aussi pauvres que les esclaves, et certains esclaves ou métèques aussi riches que les citoyens les plus riches.

La démocratie directe au quotidien

Les Grecs inventèrent le terme de démocratie ainsi que sa réalité, et s'interrogèrent sur ses fondements, tout en imaginant les moyens de la protéger.

Les institutions démocratiques

L'assemblée populaire (*ecclésia*), librement accessible à tout citoyen, était l'institution démocratique de base. Elle légiférait, par le vote à main levée et à la majorité, quarante fois par an sur les questions les plus diverses, désignait et surveillait les magistrats, jugeait les accusations pour haute trahison ou proposition illégale de décret. Le conseil des Cinq Cents (*boulè*), qui en était issu par tirage au sort, se réunissait chaque jour sur l'agora. Il avait un rôle politique majeur, puisqu'il soumettait les projets de décrets au vote de l'*ecclésia*, contrôlait les finances publiques, l'organisation militaire ainsi que la politique extérieure de la cité. L'examen des entrées en charge des magistrats et de leur reddition de comptes en sortie lui incombait également.

Quant aux tribunaux, ils étaient principalement composés de l'Aréopage, vieille institution au pouvoir désormais réduit aux affaires de sang, et du tribunal populaire de l'Héliée, seul arbitre dans les affaires civiles.

Ostracisme

Une fois par an, l'assemblée pouvait décider, lors d'un vote secret, de bannir un citoyen jugé dangereux pour la démocratie. Celui dont le nom était le plus souvent inscrit sur les tessons de poterie déposés dans l'urne était ostracisé (exilé) pendant dix ans. Ce fut le cas d'hommes politiques ayant œuvré pour la démocratie, comme Thémistocle.

Élection et tirage au sort

L'attribution des charges publiques reposait sur un subtil équilibre entre tirage au sort et élection à main levée. Si la sanction du hasard fut, par nature, la plus « démocratique », l'élection fut la plus « raisonnable » au regard des compétences requises pour assumer certaines charges. Ainsi, les fonctions (au sein de l'Héliée…) étaient majoritairement tirées au sort sur des listes de citoyens d'âge mûr, ce qui ne fut pas le cas de la plus prestigieuse, la stratégie. Les stratèges, chefs militaires issus des milieux aristocratiques aisés, qui conduisaient pour certains (Thémistocle, Périclès) les affaires de la cité – les débats publics et non un gouvernement –, étaient élus et pouvaient être reconduits (quinze ans pour Périclès) tant que le peuple leur accordait sa confiance, contrairement aux autres charges annuelles.

Empire et démocratie

Dans cette cité qui clamait avec Périclès que la pauvreté n'était pas une honte, tout était fait pour que les plus pauvres des citoyens aient accès à un niveau de vie minimum. Les rameurs enrôlés dans la flotte de guerre recevaient une solde, alors que les *misthoi* se muaient en allocations de subsistance. L'équilibre démocratique était en jeu.

Un *misthos* pour le *dêmos*

Le projet démocratique serait resté un vœu pieux si seuls les citoyens oisifs avaient de fait décidé du destin de la cité. Tout citoyen se voyait bien reconnaître ce pouvoir, mais, pour ceux qui travaillaient, son exercice était un luxe.

Périclès comprit, en fin politique, que pour qu'une majorité d'entre eux puissent assister aux séances délibératives, il leur fallait compenser la perte d'une journée de travail. Il institua donc, dès le milieu du Ve siècle av. J.-C., un *misthos*, qui, en rétribuant les fonctions publiques (salaire de présence à l'Héliée et, au siècle suivant, à l'*ecclésia*), rendait le « métier » de citoyen possible. Les plus pauvres et les ruraux restèrent pourtant en retrait pendant que les opposants à la démocratie* ou à Périclès s'inquiétaient du danger d'un pouvoir laissé aux mains d'une masse de citoyens sans formation politique, versatile et manipulable par ceux qui, en « démagogues », savaient la convaincre ou la flatter. Que le débat public, devenu plus pointu, fût monopolisé par des orateurs (non élus), professionnels de la politique au IVe siècle av. J.-C., et que le peuple, plus préoccupé par ses affaires privées et lassé des joutes oratoires de quelques-uns, fût moins assidu à l'assemblée, sa souveraineté n'en resta pas moins effective pendant ces deux siècles. Les animateurs des débats ne devaient jamais oublier qu'il leur fallait pour « durer » servir les intérêts d'un *dêmos* (peuple) exigeant.

La démocratie athénienne reposait sur un subtil équilibre entre le pouvoir de persuasion de ses animateurs et orateurs et la toute-puissance d'un peuple à la fois exigeant et imprévisible.

Production littéraire et artistique

Le ve siècle athénien, apogée de la puissance politique de la cité et, pour beaucoup, son âge d'or, connut un éclat artistique et littéraire éblouissant participant largement de ce que l'on nomme le « miracle grec ».

Ci-contre, détail d'une coupe de Brygos (ve siècle av. J.-C.) : Briséis versant une libation. Paris, musée du Louvre.

Théâtre tragique et comédie

Le théâtre connut son apogée dans l'Athènes du ve siècle av. J.-C. avec le genre tragique et la comédie. Les pièces étaient jouées par un nombre réduit d'acteurs masqués accompagnés d'un chœur lors de fêtes annuelles en l'honneur de Dionysos (dionysies). Les citoyens devaient y assister comme spectateurs et membres du jury qui départageait les poètes à l'issue d'un concours. La poésie tragique, qui puisait son inspiration dans la légende, avait moins pour intention de surprendre par son originalité que de mobiliser une émotion collective en s'interrogeant avec gravité sur l'absurdité (le tragique) de la condition humaine : faiblesses et impuissance de ses héros face au jugement divin et à leur destin. Après Eschyle, elle gagna en réalisme avec Sophocle et Euripide, mais c'est avec la comédie, qui allait lui survivre, que les préoccupations socio-politiques du moment trouvaient leur genre. Son plus célèbre poète, Aristophane, à la fois fantaisiste, outrancier et grossier, entendait faire rire le peuple en caricaturant les sujets les plus graves, tout en l'invitant à l'examen de sa mauvaise conscience.

L'Orestie

Dans une trilogie, *L'Orestie*, Eschyle usa de tous les composants du tragique pour rappeler le destin des Atrides. Dans *Agamemnon*, le roi de Mycènes est assassiné par sa femme Clytemnestre. Dans *Les Choéphores*, Oreste, qui vengea son père en tuant sa mère, est pourchassé par les déesses vengeresses. Dans *Les Euménides*, il obtient le pardon de la cité par la voix d'Athéna, inspirée par l'esprit d'humanité, de raison et de justice.

Enquêtes et histoire

Au même moment, Hérodote, père de l'histoire, selon Cicéron, et voyageur infatigable, explora la terre jusqu'aux confins du monde connu et livra à la postérité une œuvre originale mêlant récits historiques, études ethnographiques et géographiques. Afin de nourrir son récit des guerres médiques, il rassembla dans ses *Enquêtes* (*Historiai*) les données les plus précises sur l'histoire et les mœurs de ces peuples barbares* (Perses, Égyptiens, Babyloniens...), mais respectables, qui s'étaient opposés aux Grecs. Observateur vigilant dans sa quête de la vérité, il se fit pourtant le rapporteur crédule de récits plus empreints de merveilleux que de véracité. Avec Thucydide, témoin de la guerre du Péloponnèse (titre de son œuvre), naissait l'histoire scientifique, puisqu'il fut le premier à avoir élaboré une méthode rigoureuse d'analyse historique qui constitue encore aujourd'hui un modèle.

Femmes de raison

Aristophane, qui dénonçait la folie guerrière, la mit en scène dans une fiction fameuse, *Lysistrata*. Afin de mettre fin à la guerre du Péloponnèse, son héroïne décida de réunir les femmes grecques. Menaçant de faire la grève de l'amour et détenant le trésor de la cité, celles-ci obligèrent les combattants à conclure la paix, s'affirmant ainsi dans un rôle politique exclusivement réservé aux hommes.

L'éclat artistique

La splendeur de ses monuments devait être une preuve pour tous, comme le déclarait Périclès, qu'Athènes surpassait les autres cités dans la pratique des arts. L'art devait produire une émotion esthétique (exaltation de la beauté idéale), mais il était aussi une vitrine politique (discours en l'honneur de la cité) et un support religieux.

Le grand ensemble architectural construit sur l'Acropole en l'honneur des dieux impressionnait par sa grandeur, sa grâce, sa perfection technique ainsi que par les messages iconographiques qu'il arborait. Le Parthénon livrait l'harmonie de ses proportions, sa symétrie et son style dorique dans la simplicité et la robustesse. La sculpture, engagée depuis quelques siècles déjà dans une quête de réalisme, atteignait la perfection avec l'*Hermès* de Praxitèle ou le *Discobole* de Myron. Avec ces grands maîtres, dont Phidias, célèbre pour avoir réalisé la statue chryséléphantine (d'or et d'ivoire) d'*Athéna*, le corps des statues était saisi dans sa réalité vivante (détails corporels et attitude), pendant que leur visage impassible mêlait naturel et dignité, le tout s'exposant dans un équilibre parfait entre mouvement et retenue.

L'Athènes classique a produit des œuvres qui ont atteint une perfection inégalée dans ce vaste mouvement engagé, tant en littérature qu'en art, vers le réalisme et les préoccupations humaines.

Science, éloquence et philosophie

La pensée rationnelle ne naquit pas à Athènes sur les décombres de la pensée mythique, mais elle y bénéficia d'un contexte politique exceptionnellement propice à la confrontation d'idées.

Les Grecs face au rationnel

En ce Ve siècle d'effervescence intellectuelle, Athènes rayonnait en Grèce comme principal foyer de réflexion. Elle était l'étape obligée de ces savants-philosophes grecs qui expliquaient l'univers à partir de principes physiques en renonçant aux mythes. Cette affirmation du logos* (raison) ouvrait la voie à une pensée spéculative qui laissait une large place au doute. La diffusion de ces idées, issues d'une très riche pensée élaborée en Ionie (côtes d'Asie Mineure) et en Italie du VIIe au Ve siècle av. J.-C. par les présocratiques (Thalès, Héraclite, Anaxagore...), se limita pourtant à quelques cercles. Ouverte au progrès des idées mais très attachée aux croyances traditionnelles, la cité condamna même pour impiété certains savants agnostiques.

De l'art médical

Alors que les Grecs se soignaient encore en recourant aux dieux, la médecine « scientifique » fit des progrés décisifs avec Hippocrate. Interprétation rationnelle des mécanismes vivants, observation clinique, diagnostic, prescription du remède adapté et exigence éthique (disponibilité d'écoute, discrétion, refus de l'acharnement thérapeutique) allaient désormais s'imposer aux praticiens.

Les sophistes et la parole

L'enseignement de ces professeurs itinérants, les sophistes (professionnels de la sagesse), qui louaient leurs services aux jeunes aristocrates séduits par leur érudition, était d'autant plus prisé dans cette société qui faisait reine la parole qu'il initiait à l'art de bien parler (rhétorique) ceux qui désiraient s'imposer dans les joutes oratoires. Triompher de la contradiction apparente de la pensée et avoir toujours raison, y compris en démontrant la justesse d'une fausse thèse (sophisme) étaient au programme de cette *paideia* du discours. L'apport de ces intellectuels audacieux n'est pourtant pas réductible à la diffusion de cet art de convaincre. Critiquant toute vérité admise comme évidente, y compris la loi, pure convention à ses yeux, Protagoras niait jusqu'aux vérités objectives et absolues en déclarant que « *l'homme est la mesure de toute chose* ».

Socrate, l'accoucheur des âmes

Le philosophe Platon tenta de les discréditer dans ses *Dialogues* par l'intermédiaire de son maître Socrate, figure emblématique de la philosophie occidentale, en leur opposant que le savoir ne pouvait se vendre comme un « prêt à l'emploi ». Arpentant les rues en quête de vérité, Socrate déroutait et dérangeait ses contemporains, lui qui, n'ayant rien à enseigner, questionnait, ironisait en feignant l'ignorance et piquait, tel le taon, les hommes les plus assurés de leur savoir. Par le dialogue, il s'évertuait à accoucher l'esprit (maïeutique) de ses interlocuteurs, les menant, dans un tourbillon de questions, de l'apparente connaissance à la prise de conscience de leur ignorance quasi illimitée, seule certitude de l'ami de la sagesse. En proposant un rapport nouveau au savoir, il engageait ainsi à se remettre en question et à se connaître soi-même.

La mort d'un juste

Dans l'*Apologie de Socrate*, le *Criton* ou le *Phédon*, Platon évoqua ce qui fut l'événement de sa vie, la mort de son maître Socrate, condamné en 399 av. J.-C., pour impiété et corruption de la jeunesse, à boire la ciguë. La perspective de la mort elle-même ne put amener ce personnage, épris de justice et mû par l'intention morale, à renoncer à faire le bien. C'est serein qu'il attendit l'exécution de sa peine.

Les écoles philosophiques

À partir de Socrate, la philosophie se préoccupa exclusivement de l'homme en société. Platon fonda l'Académie et Aristote le Lycée, « écoles » où ils formaient des disciples (jeunes élites) par le biais du dialogue afin de les faire progresser dans l'analyse et la connaissance. À la fin du IVe siècle av. J.-C., d'autres écoles firent plus encore de la philosophie un mode de vie, une quête de sagesse (aptitude à se gouverner soi-même) censée conduire à la tranquillité de l'âme et au bonheur. L'épicurisme bannissait ainsi les faux plaisirs (jouissances) dans sa recherche des plaisirs simples (le fait d'exister). Le stoïcisme, qui séduira les Romains Cicéron, Sénèque et Épictète, préconisait d'accepter le destin sans en être affecté.

La liberté de parole, indissolublement liée à la démocratie*, fut le véhicule d'une réflexion unique qui féconda la pensée occidentale.

Panthéon grec et religion civique

Les Grecs, très « rationnels », idolâtraient les statues des dieux, vénéraient leurs ancêtres, croyaient aux jours néfastes et aux présages et imprégnaient toutes leurs activités sociales d'une dimension religieuse.

Dieux, héros et mythes

Les Grecs de l'Antiquité étaient fortement imprégnés de religiosité. Polythéistes*, ils vivaient entourés de ces dieux surhumains qui les observaient du mont Olympe (lieu réel), les protégeaient ou leur nuisaient, et qu'ils considéraient comme des partenaires dotés de sentiments, de défauts ou de qualités profondément humains. Leurs multiples cultes liés à des croyances locales étaient le fait d'une religion non dogmatique qui mêlait avec une relative tolérance des divinités d'origines diverses : crétoise (Déméter), orientale (Aphrodite), aux côtés de celles, plus nombreuses, héritées du monde mycénien. Ils vénéraient d'autres personnalités, les demi-dieux, nés de l'union d'une divinité et d'un mortel, qui passaient pour avoir réalisé dans un lointain passé des exploits prodigieux (Héraclès) ou avoir été des rois bienfaiteurs (Thésée à Athènes). Dieux et héros étaient les acteurs d'aventures relatées par les mythes, omniprésents dans l'imaginaire collectif et d'une richesse déconcertante.

Les Mystères

En marge de la religion civique, les Grecs étaient sensibles aux religions révélées aux seuls initiés par le biais de rites ésotériques. Aux Mystères d'Éleusis étaient associés des cultes orphiques qui promettaient l'immortalité de l'âme et la réincarnation ainsi que des cultes dionysiaques censés apporter le salut personnel par et dans la liberté des mœurs.

Des cultes multiples

Les dieux, avec lesquels il fallait être en bons termes, étaient censés remplir vis-à-vis des mortels un contrat tacite en leur apportant aide et bienfaits (bonne récolte, victoire guerrière, amour…) en échange d'offrandes. De nombreux cultes leur étaient donc rendus, des plus particuliers (rites et offrandes à la déesse du foyer lors d'une naissance ou d'une mort) à ceux adressés aux divinités de la cité, sans oublier les cultes panhelléniques, qui rassemblaient à dates régulières de nombreux Grecs dans de grands sanctuaires consacrés à Zeus (Olympie) et à Apollon (Delphes). À Épidaure, au IVe siècle av. J.-C., fut rendu un culte officiel plus personnel au dieu guérisseur Asclépios. La religion fut partout ritualiste, des règles strictes devant impérativement être respectées (prières, libations, etc.).

La voie d'Apollon

Nombre de peuples (les Égyptiens notamment) venaient consulter le célèbre oracle de Delphes (nombril du monde, selon les Grecs). On l'interrogeait avant une expédition militaire, un départ pour les colonies, ou on lui soumettait des lois. Des prêtres interprétaient alors les cris incompréhensibles de la pythie (sa prêtresse), entrée en transe, censés traduire une réponse ou une volonté (souvent ambiguës) du dieu.

Une religion civique

La religion était essentiellement civique, ce qui signifie que pratiques religieuses et civiques étaient étroitement liées. Des magistrats, et non un clergé, officiaient lors des cérémonies religieuses, tandis que les réunions politiques étaient ouvertes par un sacrifice aux dieux. L'offense aux dieux était une offense à la cité.

À Athènes, de nombreuses fêtes religieuses découpaient l'année et étaient l'occasion de manifestations collectives en l'honneur des divinités les plus importantes de la cité. Tous les quatre ans, lors des Grandes Panathénées, les habitants de l'Attique s'associaient dans une longue procession vers l'Acropole en l'honneur d'Athéna, déesse protectrice d'Athènes, qui se poursuivait par des concours athlétiques et un sacrifice suivi d'un banquet. Ces réunions, qui faisaient participer massivement le corps civique, affirmaient avec force l'unité de la cité. Une logique proche inspirait les cultes panhelléniques.

Les concours sportifs organisés tous les quatre ans à partir de 776 av. J.-C. dans le sanctuaire d'Olympie conviaient tous les Grecs à une fête en l'honneur de Zeus. Ici encore, sacrifice et procession ouvraient des jeux qui opposaient leurs meilleurs athlètes, pendant qu'une trêve sacrée s'instaurait dans le monde grec. La guerre se muait ainsi en compétition sportive, au cours de laquelle l'origine commune des Hellènes était réaffirmée.

Le religieux et le politique furent toujours intimement liés, et la force de la religion résida non dans un dogme, mais dans sa capacité à cimenter la vie sociale par l'exaltation régulière des liens communautaires.

La civilisation hellénistique

Les cités grecques eurent à affronter les Macédoniens, qui avaient pour leur culture la plus grande admiration, au point de la diffuser aussi loin qu'on pouvait l'imaginer.

Monnaie d'Alexandre le Grand (IVe siècle av. J.-C.).

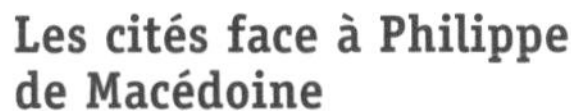

Les cités face à Philippe de Macédoine

La Grèce du milieu du IVe siècle av. J.-C. était un ensemble de cités rivales luttant pour une hégémonie irréalisable et en proie à des difficultés internes. Alors que la démocratie* athénienne était affaiblie par des crises politiques, l'orateur* Démosthène exhortait un peuple « apathique » à s'opposer au projet hégémonique de Philippe, roi du territoire voisin du nord de la Grèce, la Macédoine. Profitant de la faiblesse des cités, le Macédonien les attaqua, triompha à Chéronée, en 338 av. J.-C., d'une alliance entre Thèbes et Athènes et soumit une grande partie de la Grèce. L'ère des cités, fières de leur indépendance politique, était révolue, et le temps de la démocratie athénienne compté.

Alexandrie

Avec Alexandre s'ouvrit une ère nouvelle d'échanges commerciaux intenses avec l'Asie centrale, la Chine, l'Afrique et l'Inde. Alexandrie, qui s'affirma comme puissance commerciale grâce à sa position à la croisée des chemins entre Méditerranée et Orient, éclairait de son célèbre phare de plus de 100 mètres de haut les navigateurs qui approchaient de ses rivages.

Les conquêtes d'Alexandre

À la mort de Philippe, en 336 av. J.-C., son jeune fils Alexandre lui succéda. Admirateur de la culture grecque (élève d'Aristote), avide d'exploits et attiré par l'Orient, celui-ci entendait libérer les cités grecques d'Asie du joug des Perses et s'emparer de leur très riche empire. À la tête d'une redoutable armée, il soumit les positions perses puis progressa vers l'Inde, avant d'être arrêté par la lassitude de ses troupes sur les rives de l'Indus. Accueilli en libérateur en Égypte et en Mésopotamie, où il mourut sans successeur en 323 av. J.-C., il n'eut pas le temps d'unifier cet immense empire conquis en onze ans et composé de millions d'individus aux différences culturelles marquées.

Les royaumes hellénistiques

Ses généraux, rivaux entre eux, se partagèrent l'empire en créant quelques grandes monarchies absolues. La Grèce était dominée par le royaume macédonien d'Antigone, l'Égypte lagide l'était par celui de Ptolémée (fils de Lagos), et l'Asie par le royaume séleucide (de Séleucos). Les Grecs des cités, témoins de cette régression vers le despotisme, l'étaient aussi d'une diffusion sans précédent de leur culture, symbole de civilisation, accomplie par des semi-Barbares. Sans unité, ce monde hellénistique ne put résister à la puissance romaine, qui, en soumettant l'Égypte de la reine Cléopâtre, descendante de Ptolémée, faisait disparaître le dernier souverain hellénistique.

La diffusion de l'hellénisme

Le monde hellénistique fut le théâtre d'une civilisation originale qui assuma l'héritage grec, avec pour centre de gravité du rayonnement culturel l'Orient. La langue et la littérature grecques étaient ainsi pratiquées dans les grandes capitales hellénistiques, Antioche en Syrie ou Pergame en Asie Mineure.

Fondée en Égypte par Alexandre, en 331 av. J.-C., Alexandrie symbolisait cette riche symbiose culturelle gréco-orientale. Des bâtiments typiques de la cité grecque et un urbanisme géométrique hérité des colonies grecques y étaient associés à la grandeur et au faste des monuments orientaux. Espace civique, Alexandrie était aussi une capitale royale. Mégalopole, elle accueillait des communautés d'origines différentes qui se fondaient dans la grande famille hellène pratiquant le grec.

Enfin, elle dépensait sans compter pour entretenir son Musée, centre de recherches s'attachant savants et lettrés, et conserver au sein de sa richissime bibliothèque toute la production écrite du monde grec, participant ainsi aux progrès décisifs de la connaissance.

Cléopâtre

Lorsque le consul romain Octave entra à Alexandrie après son triomphe sur l'alliance entre son compatriote Antoine et Cléopâtre, celle-ci se suicida pour échapper à l'humiliation. L'ambitieuse et habile reine d'Égypte, que Jules César avait aidée à conquérir son trône, eut des relations complexes, faites d'alliances et de méfiance, avec une Rome qu'elle fascinait autant qu'elle intriguait.

L'expédition menée par Alexandre le Grand, qui ouvrit la Grèce à l'immensité du monde, frappa tant les imaginations par son ampleur, sa rapidité et ses exploits militaires, qu'elle se mua en épopée.

De la conquête du monde à la chute de Rome

Cité étrusque fortement hellénisée, Rome accrut sa puissance et entra dans l'Histoire en créant un empire gigantesque qui allait quelques siècles plus tard souffrir de ce qui avait fait son succès, sa capacité d'intégration.

Une cité à la conquête de l'Italie

Rome, fondée selon la légende par Romulus en 753 av. J.-C., s'affirma dès le VIe siècle av. J.-C. comme une cité prospère, comparable aux cités étrusques et grecques qui l'enserraient du nord au sud. Alors que rien ne la prédisposait à devenir la capitale d'un empire, elle profita de la faiblesse des premières face aux secondes pour prendre petit à petit leur contrôle dès le IVe siècle av. J.-C. Elle absorba, après deux siècles de lutte, les cités d'Italie centrale, qui devinrent ses alliées, et domina la Grande-Grèce (les cités grecques du sud de la péninsule italienne). Une lutte décisive l'opposa alors à l'empire maritime carthaginois pour le contrôle de la Méditerranée occidentale : ce sont les guerres puniques (discontinues sur plus d'un siècle). Le général carthaginois Hannibal infligea à Rome de lourdes pertes avant d'être finalement vaincu. Carthage fut détruite en 146 av. J.-C. et ses positions en Sicile, en Afrique du Nord et en Espagne furent soumises.

César en Gaule

César, alors gouverneur d'une partie de la Gaule (nom donné par les Romains aux régions occupées par les Celtes) déjà conquise à la fin du IIe siècle av. J.-C. (la Cisalpine et la Narbonnaise), entendait conquérir l'ensemble de son territoire et marcher sur Rome en triomphateur. D'abord freiné à Gergovie, il fut victorieux d'un soulèvement de tribus gauloises commandées par Vercingétorix à Alésia, en 52 av. J.-C.

Vers un Empire universel

Dès la fin du IIIe siècle av. J.-C., profitant de son intervention en Grèce pour libérer les cités de l'emprise macédonienne, Rome soumit l'ensemble de la Méditerranée orientale après de longues guerres en Asie Mineure. Sûre de sa puissance, elle poursuivit ses campagnes en Orient avec Pompée et en Occident avec Jules César (en Gaule). L'Égypte fut soumise en 31-30 av. J.-C., après la bataille d'Actium. L'empereur Auguste stabilisa les frontières au niveau du Rhin, du Danube et de l'Euphrate, mais l'expansion fut achevée après quelques dernières conquêtes (Bretagne, Judée...) au début du IIe siècle apr. J.-C. Soixante-dix millions d'habitants vivaient au sein de cet empire, qui s'étendait de l'Angleterre à la mer Noire au nord, et de Gibraltar à la péninsule arabique au sud. Parcours étonnant pour cette cité qui prit progressivement conscience, en protégeant ses intérêts, de ses potentialités de conquête ainsi que des richesses et de la gloire militaire à attendre d'une politique impérialiste.

Une armée puissante

La puissance romaine reposait sur son armée. Ses légions protégeaient les frontières alors que ses garnisons, qui stationnaient dans les territoires nouvellement conquis, se muaient en colonies composées de vétérans auxquels des lotissements étaient attribués par les grands généraux.

Menaces et disparition

L'Empire fut affaibli par les guerres civiles du milieu du IIIe siècle apr. J.-C. L'armée, puissante et affranchie du pouvoir politique, était de plus en plus sollicitée, lors des luttes de pouvoir, par d'ambitieux généraux pour renverser les empereurs. Démesuré par rapport aux capacités de ses légions, l'Empire ne pouvait plus contenir le péril barbare sur ses frontières, partout fragilisées. Avec les empereurs Dioclétien et Constantin, l'ordre intérieur fut restauré, l'envahisseur repoussé et la prospérité retrouvée au début du IVe siècle, jusqu'à ce que les Germains (Francs, Vandales...), alors menacés par les Huns d'Asie centrale, pénètrent le territoire romain à la fin du siècle. En 410, le saccage de Rome par les Wisigoths en quête de richesses et de reconnaissance fut un signe avant-coureur d'une dislocation à venir de l'Empire universel, alors que la cité n'était déjà plus la résidence des empereurs ni le centre de la romanité, déplacé vers Constantinople, sa nouvelle capitale. Après la formation de royaumes barbares en Occident et la chute du dernier empereur d'Occident en 476, seul l'empire d'Orient (l'Empire romain fut partagé en deux par Théodose en 395) subsista jusqu'en 1453.

Avec la victoire de l'Occident sur l'Orient à Actium, l'ensemble de la Méditerranée se trouva pour la première fois politiquement unifié et pacifié par Octave. L'ère de la *pax romana* (paix romaine) et de la prospérité dans tout l'Empire était ouverte.

Pouvoir politique, administration, droit

Si la Grèce inventa la politique, la République romaine se donna de solides institutions qui contribuèrent à la création de l'État « au sens moderne », inspirant les systèmes politiques du Moyen Âge à nos jours.

Les institutions républicaines

En 509 av. J.-C., une République* fut proclamée à Rome après le renversement de la royauté étrusque, et sa souveraineté partagée entre le Sénat, garant des traditions, et le peuple romain. Les sénateurs, choisis, sauf exception, parmi les membres des prestigieuses familles qui avaient rempli de hautes magistratures, prenaient ou non la parole selon leur rang sur l'*album* sénatorial*. Les assemblées populaires votaient les lois et élisaient annuellement les magistrats de rang supérieur (consuls...), auxquels était confié le pouvoir exécutif (*imperium**). Le Sénat conseillait ces derniers, qui se réservaient la décision finale, mais il usait surtout de l'*auctoritas* (sanction à caractère religieux), notamment pour influer sur l'issue d'une loi proposée au vote par les magistrats. Lui revenaient de fait toutes les grandes décisions faisant loi en matière financière et en politique étrangère. Ce système, sans vraie séparation des pouvoirs, qui mêlait subtilement démocratie*, monarchie et oligarchie, autorisait des neutralisations réciproques et contenait les germes de conflits à venir dès lors qu'il serait menacé par l'ambition d'un pouvoir personnel fort.

Un droit rationnel

Ses principes ayant été posés dans la loi des XII Tables dès le Ve siècle av. J.-C., le droit était rédigé par des juristes au regard de ce qui s'était fait jusqu'alors (jurisprudence). L'empereur Hadrien énonça les principes généraux du droit romain dans un édit perpétuel en 131 apr. J.-C. avant l'ère des grandes compilations (code théodosien, au Ve siècle).

Le principat d'Auguste

Après une période de guerres civiles dont l'événement majeur fut l'assassinat en 44 av. J.-C. de celui qui avait confisqué la République, le dictateur* Jules César, son fils adoptif, le consul Octave, après sa victoire sur son rival Antoine, entreprit une vaste réforme institutionnelle. Le Sénat lui reconnut le titre d'*augustus* (guide moral) en 27 av. J.-C. La République devenait un principat et Auguste son prince. Ce premier empereur (le titre d'*imperator* était accordé jusqu'alors à un général en chef victorieux), acclamé par le Sénat et salué par l'armée, s'imposa habilement comme le restaurateur providentiel d'une République qui n'allait conserver qu'en apparence ses institutions. Premier personnage d'un Sénat qu'il assura de son respect, et progressivement détenteur légal de toutes les hautes magistratures, des pouvoirs religieux et judiciaire suprêmes et faisant même l'objet d'un culte, il imposa de fait ses vues à cette institution conciliante. Ses successeurs affirmèrent une tendance plus monarchique, jusqu'à déposséder le Sénat de ses pouvoirs.

La voix des riches

Les citoyens en armes qui étaient réunis dans des *comices centuriates* (assemblées) étaient répartis en centuries (subdivision censitaire). Or celles qui étaient composées des citoyens les plus riches ouvraient le vote des lois, lesquelles étaient adoptées dès la majorité atteinte, ce qui éliminait de la décision les citoyens les plus modestes.

Une administration efficace

Rome eut très tôt à administrer un territoire immense. Ayant choisi de conserver ses institutions, elle imagina de structurer politiquement son empire autour d'unités civiques existantes (anciennes cités annexées) et de colonies. Les premières, mieux pacifiées, conservaient avec le statut de *municipes* leurs institutions, avec pour obligation des contributions fiscales et militaires envers Rome. Quant aux secondes, de pures créations romaines installées aux frontières ou dans les régions récemment conquises, elles reçurent la Constitution romaine. L'Empire était ainsi une agrégation de cités dont la vie sociale s'organisait localement (magistrats locaux responsables des finances, de l'ordre public, etc.) sous l'autorité supérieure de Rome, dont les gouverneurs n'intervenaient qu'au besoin. Sous l'Empire, la capitale romaine allait administrer, contrôler, approvisionner et défendre ses territoires en s'appuyant sur une bureaucratie remarquable d'efficacité (divisée en bureaux et en services et dirigée par des fonctionnaires impériaux).

La vie politique romaine ne fut certes pas un modèle de stabilité, mais, malgré des crises très graves, Rome réussit à assurer la continuité de son système institutionnel.

Urbanisme, architecture et idéal civique

Rome, qui se considérait comme le seul État du monde civilisé, hérita du modèle grec de la cité, qu'elle imposa comme forme unique d'organisation civique par le biais d'un « urbanisme clés en main ».

Une cité modèle

Rome était à la fois une gigantesque capitale d'environ un million d'habitants (sous Auguste) et une cité dont l'aménagement traduisait la nature de son pouvoir. D'imposants espaces publics se dégageaient du tissu dense et indifférencié des zones d'habitation (*insulæ* au confort rudimentaire, rues mal entretenues...), alors que de grandes voies stratégiques se déployaient en étoile autour de son centre. Dans ce modèle, éloigné de l'urbanisme des colonies grecques, se surimposaient à l'espace civique républicain les œuvres successives des empereurs (grands travaux d'Auguste et de Trajan) disséminées dans la cité. En son cœur, sur la vaste place rectangulaire du forum (plus exactement des forums impériaux), se concentraient la vie politique (réunions du Sénat...), les décisions judiciaires (dans les basiliques), les activités économiques (sous ses halles) et la pratique religieuse (avec son temple honorant dieux officiels et empereurs divinisés). Ailleurs dans la ville, les empereurs entretenaient leur prestige par des constructions monumentales (palais impériaux sur le Palatin, arcs de triomphe honorant les victoires...).

Un port pour Rome

Dès le IIe siècle av. J.-C., un grand port artificiel dut être construit sur la mer Tyrrhénienne pour ravitailler Rome. Ostie, distante d'environ 25 kilomètres, fut choisie pour accueillir les navires de haute mer qui déchargeaient d'abondantes denrées attendues quotidiennement par la capitale. Les marchandises transitaient pour l'essentiel de son port vers la voie fluviale (Tibre) la reliant à Rome.

Les villes et la romanisation

La diffusion de ce modèle politique de cité comme idéal de civilisation et cadre formel de l'activité publique eut un rôle crucial dans le mouvement de romanisation (diffusion d'un même mode de vie, de croyances, du latin... sans volonté affirmée d'uniformisation des valeurs), ferment de l'unité dans l'Empire. Si la partie orientale de ce dernier était déjà urbanisée, en Occident (Gaule, Espagne...), de nombreuses villes furent construites et reliées par un formidable réseau de routes rectilignes qui favorisait surtout les déplacements rapides de troupes et la diffusion de l'information. En transposant son urbanisme et son architecture, reflets de sa vie socio-politique, dans les régions conquises et en s'appuyant sur de riches élites locales converties à ses pratiques sociales, Rome faisait éclore de petites Rome que leurs gouvernants, à l'image de l'empereur pour « sa cité », aménageaient et ornaient.

Le génie de la construction
Le blocage permettait de monter des murs très résistants et rendait possibles toutes les formes de constructions. Quant aux routes, véritables ouvrages d'art, elles étaient faites de plusieurs couches (mortier, sable, dalles) et bombées, pour permettre l'écoulement des eaux, puis pourvues de trottoirs.

Le cas de la Gaule

En Gaule, Lugdunum (Lyon), fondée en 43 av. J.-C, exemple parfait de romanité (patrie des empereurs Caracalla et Claude), fut une colonie romaine qui devint la capitale de la Gaule lyonnaise. La présence d'un palais impérial ainsi que d'une caserne militaire attestait de son rôle politico-militaire. La ville était aussi un pôle stratégique de diffusion des valeurs romaines, à partir d'un réseau articulé autour de grandes voies reliant le Rhin et les trois mers et traversant les autres provinces gauloises. Capitale religieuse, elle accueillait enfin annuellement les délégations des cités gauloises pour la célébration des cultes de Rome et de l'empereur. Dans les campagnes, l'influence romaine s'affaiblissait à mesure que l'on s'éloignait du noyau urbain. Dans les zones périurbaines, cependant, des îlots de « civilisation » occupaient l'espace. Il s'agissait des *villæ*, luxueuses et monumentales demeures de riches propriétaires et centres d'exploitation agricole, qui devinrent les lieux de refuge définitifs (et non plus de villégiature) des élites fuyant les lourdes charges, les responsabilités et l'insécurité citadines lors des crises précédant la fin du monde romain.

Rome eut le génie de reproduire à l'échelle d'un empire un modèle civique qui avait fait ses preuves et qui servait de support privilégié à la diffusion de son mode de vie.

Inégalités et promotions sociales

Reposant sur un droit fondant les inégalités, Rome fut pourtant la première cité à répondre à l'épineux problème de la régularisation des « étrangers » vaincus en les faisant citoyens romains.

Une société fortement hiérarchisée

La condition servile à Rome était assez proche de celle d'Athènes, et le droit y consacrait également l'existence de classes censitaires. Le cens (fortune déclarée), signe de respectabilité, n'y conditionnait pas seulement l'accès différencié aux grades dans l'armée, mais aussi l'existence politique (vote ou responsabilités politiques garantissant des privilèges à vie), réservant ainsi aux premières classes le quasi-monopole des décisions publiques. Cette hiérarchie, qui séparait la masse de la plèbe de l'élite inscrite dans des ordres (l'ordre sénatorial, avec ses 600 membres sous l'Empire, et l'ordre équestre des chevaliers, composé d'officiers de l'armée), reposait aussi sur la naissance. Les grandes familles aristocratiques réunies dans le patriciat vivaient, certes, des revenus de grands domaines, mais se réclamaient surtout de lointains ancêtres communs, ce qui n'était pas le cas des plébéiens (citoyens riches ou pauvres de souche récente).

Un patriciat tout-puissant

Un conflit majeur opposa, dès le début de la République, les patriciens, qui monopolisaient le pouvoir, aux plébéiens, qui revendiquaient l'égalité des droits civils et politiques. De cette confrontation naquit un conseil de la plèbe (ancêtre de l'assemblée plébéienne, les *comices tributes*), avec ses tribuns investis d'un pouvoir capable de bloquer les décisions d'un magistrat ou du Sénat.

Un accès généreux à la citoyenneté

Le lieu de résidence fut un autre critère d'inégalité statutaire puisque, sous la République*, la majorité des habitants des territoires conquis étaient libres mais résidents étrangers (pérégrins). Ils étaient donc dépourvus de l'exercice des droits politiques romains, alors que les citoyens des colonies romaines, régies par un droit latin, pouvaient voter à Rome mais non briguer ses magistratures.

La pleine citoyenneté (droits civils, vote, éligibilité, service dans les légions), privilège de naissance, fut pourtant accordée avec une relative largesse à des individus ou à des cités (sur décision d'un général, du fondateur d'une colonie ou d'un empereur). D'abord réservée aux citoyens de l'*ager romanus* (territoire romain), puis attribuée au début du Iᵉʳ siècle av. J.-C. (à la suite de la guerre sociale de 91-88 av. J.-C. remportée par Rome sur ses alliés) aux hommes libres d'Italie et étendue aux riches provinciaux romanisés qui espéraient une carrière politique romaine, elle fut définitivement accordée à tous les hommes libres dans l'Empire par l'édit de l'empereur Caracalla, en 212 apr. J.-C.
Par cette habile décision, Rome pouvait ainsi escompter davantage de rentrées fiscales, mais aussi cimenter l'Empire à peu de frais. Gardons-nous d'opposer cette générosité romaine à la frilosité grecque dans l'octroi de la citoyenneté. La *civitas romana*, garantie d'une égalité devant la loi et la justice, ne fut une citoyenneté active que pour une minorité d'hommes influents, contrairement à la *politeia* grecque.

Les chevaliers

Les chevaliers romains, les plus riches et les plus respectables des citoyens, comptaient dans leurs rangs des sénateurs et leur élite (la *nobilitas*), mais aussi des propriétaires terriens et des hommes d'affaires. Si seule une minorité d'entre eux constituait à l'origine la noblesse de l'ordre équestre, des hommes nouveaux issus de leurs rangs constituèrent sous l'Empire une noblesse de fonction au service de l'État.

Liens de clientèle

L'insertion des citoyens romains dans des réseaux relationnels structurait la vie sociale.
Les nombreux citoyens aux conditions d'existence difficile (la plèbe urbaine) et à la faible audience politique, qui voulaient compter dans la cité ou simplement survivre, avaient intérêt à devenir clients de quelque riche et influent aristocrate. Fondée sur une reconnaissance mutuelle de droits et de devoirs, cette relation personnelle de loyauté faisait profiter le client du panier-repas quotidien, d'une protection, ou lui permettait de faire entendre sa voix en échange de l'escorte qu'il devait à son patron ou de la défense de ses intérêts, notamment lors des campagnes électorales, lorsque celui-ci envisageait une carrière politique.

La citoyenneté romaine comme dénominateur commun du plus grand nombre fut davantage un signe de reconnaissance, une égalité juridique, un statut abstrait recherché pour lui-même qu'une citoyenneté « active ».

Tolérance, persécutions et révolution religieuse

Rome, qui oscilla entre tolérance et persécution à l'égard de la nouvelle foi chrétienne, finit par s'y convertir. Ce choc culturel annonçait la fin du monde antique.

Temple d'Isis à Pompéi, Italie.

Une religion accueillante

Très pieux, polythéistes* et pratiquants d'une religion civique, les Romains furent également tolérants en matière de croyances (large accueil des dieux étrangers, identification de leurs dieux aux dieux grecs...). Les étrangers résidents purent honorer les leurs à titre privé, à l'instar des citoyens romains, qui participaient à de nombreux cultes locaux (famille, armée, quartier, métier). Les colonies restaient libres de leurs choix, dès lors qu'elles honoraient les dieux tutélaires romains et sacrifiaient au culte impérial, alors que les cités annexées étaient totalement libres. Les officiers romains en visite dans les provinces se pliaient d'ailleurs, par respect et prudence, au rituel d'offrande aux dieux locaux, lesquels pouvaient prendre des traits romains.

Rien que le rituel

Dans leur pratique religieuse, les Romains respectaient scrupuleusement ces usages codifiés et invariablement répétés qu'étaient les rites (gestes, conditions de sacrifices, prières...), car il en allait de leur efficacité religieuse. Dans sa relation contractuelle aux dieux, le Romain attendait davantage du geste bien accompli que de ses croyances une réponse divine favorable à ses attentes.

Les limites de la tolérance

Les Romains n'étaient pas les persécuteurs aveugles de ceux qui, comme les juifs et les chrétiens, adhéraient au monothéisme (religion révélée), mais plutôt des pragmatiques. Certains interdits touchaient des pratiques (circoncision) ou des superstitions jugées choquantes ou ridicules, mais la tolérance trouvait ses vraies limites là où la pratique religieuse troublait l'ordre public. Les juifs de Judée ne furent pas gênés jusqu'à leur première révolte cruellement châtiée (destruction de Jérusalem en 66-70 apr. J.-C.) par Rome, qui niait moins le fond religieux du judaïsme qu'elle ne réprimait une rébellion portée par une intolérance envers ses dieux. Quant aux persécutions contre les chrétiens, dont la foi fut suspectée depuis la condamnation de Jésus comme agitateur, liées à des accusations diverses (association secrète, complot, refus d'obéissance...), elles furent sporadiques jusqu'à la fin du IIIe siècle.

Vers un empire chrétien

Dès la fin de la République*, la religion traditionnelle vacilla, et les efforts de l'empereur Auguste pour rétablir les croyances ancestrales furent vains. La philosophie grecque détournait une partie de l'élite. Les cultes orientaux comblaient une incapacité à répondre aux attentes spirituelles nouvelles (besoin d'être rassuré face à la mort) en promettant une vie dans l'au-delà. Mais c'est la nouvelle foi originaire de Jérusalem, faisant espérer le salut et la félicité dans le Royaume de Dieu, qui se répandit dans le monde romain dans les milieux populaires, dès le Ier siècle de notre ère, puis dans toute la société.

Les grandes persécutions frappèrent bientôt les chrétiens (nombreux martyrs*), jugés responsables des malheurs du temps, eux qui, pour certains, refusaient la conscription au moment du péril barbare ou l'hommage public à l'empereur, acte d'idolâtrie à leurs yeux, et de loyauté pour Rome.

Dans un souci de restauration de l'ordre moral, les édits de Dioclétien (303-304) décrétèrent l'interdiction des cultes chrétiens, la destruction de leurs églises et la mort pour ceux qui niaient les cultes païens, sans décourager pour autant les conversions. Toujours plus nombreux, les citoyens convertis diffusèrent le message chrétien et s'imposèrent comme force politique de soutien au futur empereur Constantin, lequel autorisa le christianisme et s'y convertit lui-même au début du IVe siècle. L'Empire romain devint chrétien et, en 392, l'empereur Théodose ferma les temples païens et fit du christianisme la religion unique de l'Empire.

Néron le sanguinaire

En 64 apr. J.-C., un incendie effroyable qui détruisit une grande partie de Rome fut le prétexte habile de Néron pour accuser les chrétiens, dont les comportements étaient suspects aux yeux de l'opinion romaine. En parfaits boucs émissaires, ils furent persécutés et suppliciés (livrés aux bêtes, crucifiés, brûlés vifs dans l'arène), comme sans doute les apôtres Pierre et Paul.

> La nouvelle foi chrétienne se diffusait irrésistiblement, y compris parmi les élites, qui, bien qu'officiellement fidèles aux traditions, n'en étaient pas moins sensibles à ses messages, alors même qu'elle devenait « hors la loi ».

Fastes et plaisirs

Les divertissements, tant prisés des Romains, n'étaient pas réductibles à un goût exagéré du jeu, des spectacles et de la violence gratuite, mais bien à leurs yeux un signe de civilisation, ainsi qu'un puissant régulateur social pour le pouvoir.

Ci-dessous, le Colisée à Rome.

Le plaisir comme idéal civique

L'oisiveté associée au loisir (*otium*) était l'idéal de vie des Romains, même si le petit peuple de la plèbe survivait en travaillant. Leur quotidien était organisé autour de cette exigence, puisque les activités civiques du matin laissaient place, l'après-midi, à des divertissements mis à la disposition de tous par les autorités, et non pas accessibles à une seule élite, comme en Grèce. Les nombreux Romains qui flânaient, désœuvrés, prirent ainsi l'habitude de se délasser dans les thermes publics, toujours plus grands et plus luxueux (thermes de Caracalla), dont l'entrée devint gratuite. Ces lieux de plaisirs très recherchés, outre leurs bains, offraient la rencontre, le raffinement d'une vie civilisée (goût de l'hygiène, soin du corps et accès à la culture) et proposaient des activités si nombreuses que l'ennui était banni. Des aires de jeux, de sports, de promenades et de repos, des espaces culturels (bibliothèques...) et des boutiques en faisaient de véritables complexes de loisirs.

La foule au spectacle

Les lieux de divertissement avaient une telle capacité d'accueil et un tel succès que leur seule évocation ferait aujourd'hui pâlir d'envie les organisateurs de spectacles. À Rome, le cirque Maximus offrait 25 000 places assises, alors que l'amphithéâtre Flavien (communément nommé le Colisée) pouvait accueillir plus de 50 000 spectateurs.

Des fêtes et des jeux

Au cours des nombreuses fêtes officielles (plus de la moitié des jours de l'année étaient officiellement fériés) se déroulaient les grands jeux, qui attiraient une foule nombreuse, pressée d'acclamer ses vedettes.

Les Romains raffolaient de l'émotion et du plaisir qu'ils leur procuraient, sans jamais se lasser devant tant de variété. Le cirque avec ses courses (chevaux et chars) et ses pronostics, l'amphithéâtre (dans les arènes) avec ses combats sanglants de gladiateurs et ses mises à mort qui déchaînaient les passions sans émouvoir avaient la faveur de toute la société romaine. Quant au divertissement plus raffiné qu'était le théâtre (jeux scéniques faits de ballets et de mimes), il s'adressait à un public plus restreint.

Luxe et raffinement

Les Romains les plus riches jouissaient d'une résidence principale (une *domus) en ville. Leur appétit pour le luxe et leur goût très sûr les amenaient à posséder plusieurs *villæ* à la campagne, dont la localisation dans l'Empire répondait à une logique géoclimatique (jouir du meilleur climat du moment dans un cadre agréable).**

« Du pain et des jeux »

Dans la capitale romaine, tout était fait pour nourrir la plus grande partie du peuple. Un système original de distribution gratuite de denrées de première nécessité (blé et huile) fut instauré sous la République*. Plus tard, les empereurs firent acte symbolique par des dons de pain, pendant que les riches offraient des banquets publics. Héritier du système grec des liturgies, l'évergétisme (du mot grec *euergetès*, bienfaiteur), qui correspondait au financement par les plus riches de dépenses profitant à tous, était fort contraignant, puisque le riche, sans être missionné par la cité, n'en devait pas moins « donner » sans compter dans une surenchère de magnificence – parfois jusqu'à la ruine. De cet élan effréné de générosité jamais désintéressée (prise en charge de fêtes et de jeux somptueux, financement de la construction d'amphithéâtres, d'aqueducs, etc.), le donateur – y compris les grands dirigeants comme César ou Auguste – tirait gloire, popularité et influence, à condition d'assumer ce devoir social qui était attendu de lui, surtout s'il briguait une carrière politique.

Les grands jeux où se retrouvait, autour de l'empereur, toute la société romaine, outre un dérivatif à l'agitation, devenaient des lieux de consultation populaire où le peuple ne se privait ni d'acclamer ou de siffler ses prétendus bienfaiteurs, ni de manifester ses besoins auprès des magistrats et de l'empereur, qui sondaient ainsi leur popularité, mais aussi le « climat social ».

L'encadrement du temps libre du plus grand nombre par le pouvoir politique eut moins pour effet d'occuper les esprits en les détournant de la vie politique que de déplacer l'expression populaire des assemblées vers les lieux de spectacle.

Glossaire

Album sénatorial : classement des sénateurs romains en fonction de l'âge, des magistratures assumées et du degré de dignité, qui conditionnait leurs possibilités d'intervention (temps de parole) au Sénat.

Barbare : ce qualificatif, qui s'oppose à ce qui est civilisé, était utilisé par les Grecs pour caractériser des mœurs jugées étranges ou grossières, ou encore un personnage dont ils ne comprenaient pas la langue.

Cité-État : ville-capitale d'un État libre et autonome (avec ses propres institutions et lois) qui dominait un territoire donné. Le type le plus connu, mais non le plus répandu, fut la *polis* grecque.

Cosmogonie : récit mythique sur la création et l'organisation de l'univers, qu'il faut distinguer de ceux sur la naissance des dieux (théogonie) ou l'apparition de l'homme (anthropogonie).

Démocratie : régime politique dans lequel les décisions (le pouvoir, le *kratos*) concernant les affaires de la cité appartenaient à l'ensemble des citoyens (le *démos*). Les décrets votés par l'assemblée débutaient par l'expression : « *Il a plu au démos…* ».

Diaspora : ensemble des communautés juives installées hors de Palestine et libres de pratiquer leur religion dans les cités d'accueil (comme à Alexandrie).

Dictateur, dictature : à Rome, un sénateur pouvait être chargé de résoudre une situation de crise. Il devait se retirer aussitôt sa mission remplie. Cette magistrature ne pouvait être confondue avec la prise de pouvoir , pour un temps illimité, par de grands généraux (les consuls), à la manière d'un coup d'État.

Domus : maison composée d'un *atrium* (cour intérieure recouverte d'un toit percé et dotée en son centre d'un bassin récupérant les eaux de pluie), autour duquel se déroulaient, dans de luxueuses pièces décorées de fresques et de mosaïques, la vie intime et les réceptions, et d'un espace ouvert comprenant une cour entourée de colonnades (péristyle), avec son jardin et sa piscine, qui conviaient à la détente.

Éphébie : service militaire des jeunes Athéniens.

Imperium : pouvoir politique, civil ou militaire, confié par l'assemblée à un magistrat, lui permettant de convoquer et de consulter le peuple, le Sénat, et de commander les légions.

Logos : raison ou discours sensé en grec. Souvent opposé au récit mythique, comme regard sur le monde rationnel.

Oikos : désigna successivement le domaine aristocratique, avec sa résidence, ses terres et ses occupants (parents, esclaves), la maison, avec la famille et ses esclaves, et le lieu d'activité de la femme, maîtresse de maison, d'où le terme d'*oikonomia* (gestion de la maison).

Polythéisme, polythéiste : doctrine religieuse qui reconnaît l'existence de plusieurs dieux. Elle s'oppose au monothéisme, bien que la réalité soit parfois plus subtile. Croire en plusieurs dieux pouvait aussi signifier en privilégier un, ou encore accorder la possibilité à une même puissance divine d'habiter des figures différentes.

République : la *res publica*, c'est-à-dire la chose publique en latin, fut la première idée abstraite de l'État expérimentée dans l'Antiquité. Ce régime politique reposait sur un certain équilibre des pouvoirs entre le Sénat, les magistrats et le peuple.

Chronologie

Néolithique
Troisième millénaire av. J.-C.
v. 3000 Essor de la civilisation sumérienne
2670-2195 Ancien Empire en Égypte
2330-2100 Empire d'Akkad en Mésopotamie
2195-2065 Première période intermédiaire en Égypte
2200-2000 Proto-Grecs et premiers palais crétois
2065-1781 Moyen Empire en Égypte
Deuxième millénaire av. J.-C.
1792-1750 Hammourabi roi de Babylone
1781-1550 Deuxième période intermédiaire en Égypte
1550-1069 Nouvel Empire en Égypte
1300-1200 Apogée de la civilisation mycénienne
1279-1212 Ramsès II pharaon d'Égypte
XIIIe siècle Exode des Hébreux d'Égypte
v. 1275 Bataille de Qadesh
v. 1250 Destruction de Troie
v. 1200 Destruction des palais mycéniens
v. 1207 Première mention de l'existence d'Israël
1069-663 Troisième période intermédiaire en Égypte
1010-971 David roi des Hébreux
Premier millénaire av. J.-C.
1000-609 Puissance de l'Empire assyrien en Mésopotamie
v. 950 Règne d'Hiram de Tyr (Phénicie)
971-931 Règne de Salomon
Xe siècle Les Phéniciens en Méditerranée
v. 814 Fondation de Carthage
IXe siècle Début de la civilisation étrusque ; premières cités grecques
776 Début des Jeux olympiques
v. 753 Fondation légendaire de Rome
v. 750 Début de la colonisation grecque
663-332 Basse Époque en Égypte
594-593 Réforme de Solon à Athènes
587 Prise de Jérusalem par les Babyloniens
539-330 Domination des Perses au Proche-Orient
509 Proclamation de la République à Rome
508-507 Réformes de l'Athénien Clisthène
490-480 Guerres médiques
431-404 Guerre du Péloponnèse
429 Mort de Périclès
404-403 Tyrannie des Trente à Athènes
404-378 Hégémonie de Sparte
338 Défaite des cités grecques devant Philippe à Chéronée
336-323 Règne d'Alexandre le Grand
331 Fondation d'Alexandrie
264 Prise de Volsinies, dernière cité étrusque, par Rome
264-146 Guerres puniques
167 Révolte des Maccabées
66-62 Conquête de l'Orient par Pompée
52 Victoire de César sur les Gaulois à Alésia
51-30 Règne de Cléopâtre en Égypte
49-31 Guerres civiles à Rome
44 Assassinat du dictateur César
40-4 Règne d'Hérode le Grand, roi des juifs
31 Bataille d'Actium
27 Régime impérial à Rome
Ère chrétienne
v. 30 Mort de Jésus-Christ
64 Incendie de Rome
66-70 Révolte de Judée et destruction de Jérusalem
135 Jérusalem interdite aux juifs par Hadrien
235-284 Grandes persécutions des chrétiens
312 Constantin maître de l'Empire romain
391-392 Interdiction des cultes païens
IIIe au Ve siècle Invasions barbares dans l'Empire romain
410 Saccage de Rome par les Wisigoths
476 Fin de l'empire romain d'Occident

Le monde méditerranéen et le Proche-Orient antiques

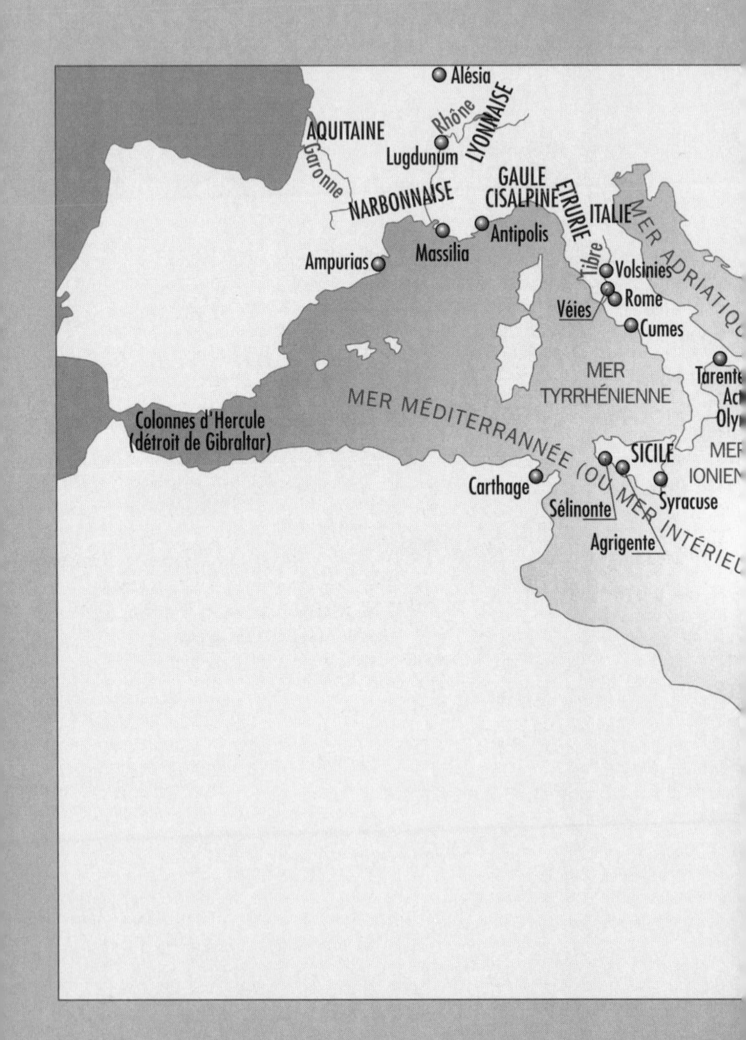

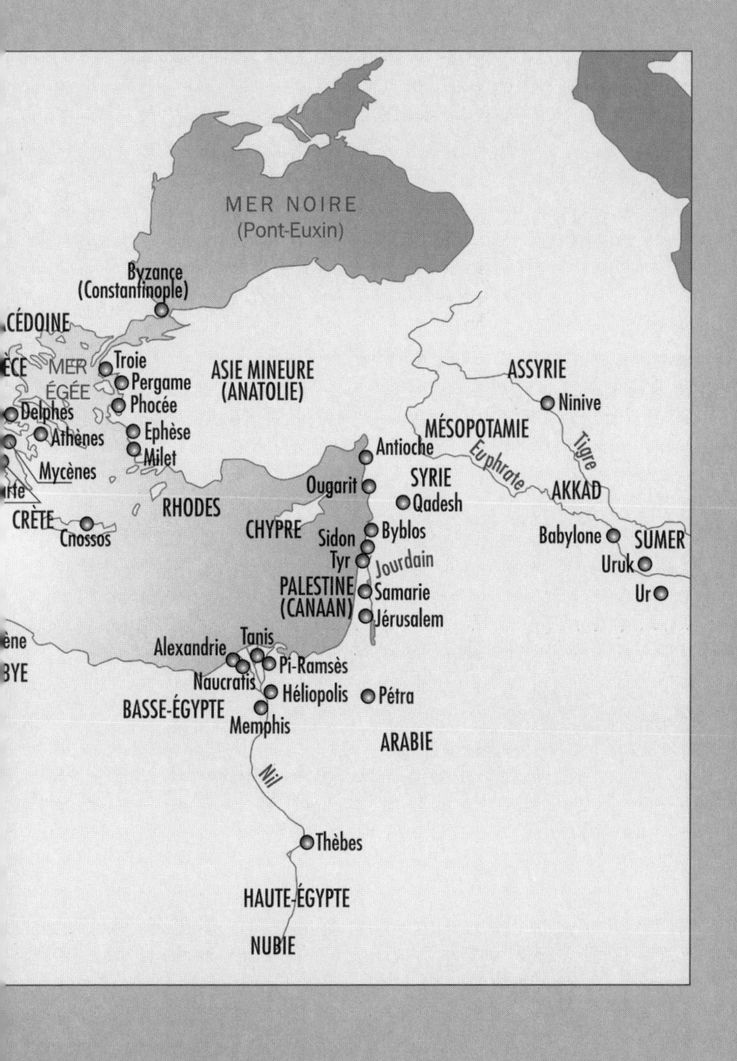
MER NOIRE
(Pont-Euxin)
Byzance
(Constantinople)
CÉDOINE
ÈCE
MER
ÉGÉE
Troie
Pergame
Phocée
Delphes
Athènes
Ephèse
Milet
Mycènes
CRÈTE
Cnossos
RHODES
ASIE MINEURE
(ANATOLIE)
CHYPRE
Antioche
Ougarit
SYRIE
Qadesh
Byblos
Sidon
Tyr
Jourdain
PALESTINE
(CANAAN)
Samarie
Jérusalem
MÉSOPOTAMIE
Euphrate
ASSYRIE
Ninive
Tigre
AKKAD
Babylone
SUMER
Uruk
Ur
ène
BYE
Alexandrie
Tanis
Pi-Ramsès
Naucratis
Héliopolis
Pétra
BASSE-ÉGYPTE
Memphis
ARABIE
Nil
Thèbes
HAUTE-ÉGYPTE
NUBIE

Bibliographie

Certaines collections sont aisément accessibles pour un premier contact : « Vie quotidienne » chez Hachette, « Découvertes » chez Gallimard et « Que sais-je ? » aux éditions PUF. Les articles paraissant dans la revue mensuelle *L'Histoire* peuvent également satisfaire un large public.

Sur l'Antiquité en général

CABANNES (Jean), *Introduction à l'histoire de l'Antiquité*, A. Colin, 1995.
Présentation des sources et des méthodes permettant d'aborder la période.

Sur le Proche-Orient ancien

BOTTÉRO (Jean), *Mésopotamie : l'écriture, la raison et les dieux*, Gallimard, 1997.
Invitation à la découverte d'un univers mental des plus dépaysants.

BOTTÉRO (Jean) *et al.*, *Initiation à l'Orient ancien : de Sumer à la Bible*, Seuil, 1992.
Ensemble de courts articles sur les aspects les plus variés (cuisine, vin, amour, médecine...) de la vie des Mésopotamiens. Passionnant !

GRANDET (Pierre), *L'Égypte ancienne*, coll. « Points Histoire », Seuil, 1996.

GRIMAL (Nicolas), *Histoire de l'Égypte ancienne*, Fayard, 1988.
Très complet.

LEMAIRE (André), *Le Monde de la Bible*, coll. « Folio Histoire », Gallimard, 1998.
Fait dialoguer Bible et histoire en présentant les peuples du Proche-Orient antique.

Sur les Phéniciens

ROUILLARD (Pierre), GRAS (Michel) et TEIXIDOR (Javier), *L'Univers phénicien*, coll. « Pluriel », Hachette, 1995.

Sur le monde égéen et la Grèce

MOSSÉ (Claude) et SCHNAPP GOURBEILLON (Annie), *Précis d'histoire grecque*, A. Colin, 1990.

FINLEY (Moses I.), *Le Monde d'Ulysse*, La Découverte, 1986.
Critique historique de la poésie homérique par l'un des plus grands historiens de l'Antiquité dont l'ensemble de l'œuvre est à lire avec profit.

LÉVÊQUE (Pierre), *L'Aventure grecque*, A. Colin, 1992.
Ce classique apporte un éclairage des plus complets sur la Grèce antique. Somme de connaissances de lecture très agréable.

VERNANT (Jean-Pierre), *L'Homme grec*, coll. « L'Univers historique », Seuil, 1993.
Ensemble d'articles présenté par un spécialiste de la pensée grecque dont l'ensemble de l'œuvre est un monument, tant par la profondeur de l'analyse que par ses qualités pédagogiques.

Sur l'Italie antique et Rome

BRIQUEL (Dominique), *La Civilisation étrusque*, Fayard, 1999.

CHRISTOL (Michel) et NONY (Daniel), *Rome et son empire*, coll. « Histoire Université », Hachette, 1990.

GIARDANA (Andrea), *L'Homme romain*, coll. « L'Univers historique », Seuil, 1992.
Nombreux aspects de la civilisation romaine.

GRIMAL (Pierre), *La Civilisation romaine*, Seuil.
Incontournable !

NICOLET (Claude), *Le Métier de citoyen dans la Rome républicaine*, Gallimard, 1998.
Un classique.

VEYNE (Paul), *Le Pain et le Cirque*, coll. « L'Univers historique », Seuil, 1976.

Filmographie

Le film traitant de l'Antiquité (le péplum américain ou italien pour l'essentiel) est un genre si prisé qu'il est difficile de se suffire de quelques rapides références. Aussi renvoyons-nous le lecteur à la revue *CinémAction* n° 89, éd. Corlet-Télérama, 4e trimestre 1998.

Index

Le numéro de renvoi correspond à la double page.

Dans la collection *Les Essentiels Milan*
derniers titres parus

164 La police en France
165 Le ministère des Affaires étrangères
166 L'argent de la France. À quoi servent nos impôts ?
167 Les violences conjugales
168 À quoi sert la grammaire ?
169 Le guide du PaCS
170 La sophrologie
171 Lacan, le retour à Freud
172 Les présidents de la République française
173 L'empoisonnement alimentaire
174 Les styles en architecture
175 La Ligue de l'enseignement
176 Les start-up...
177 Sartre et l'existentialisme
178 La chirurgie esthétique
179 La Bourse
180 Contribuables, le fisc vous cerne
181 Nietzsche, ou la passion de la vie
182 Orientation des jeunes, les clés du succès
183 Le Moyen Âge
184 Les soins palliatifs
185 Le tango, passion du corps et de l'esprit
186 Kant, ou l'invention de la liberté
190 La médecine de demain, le gène apprivoisé
192 Le monde juif

Dans la collection *Les Essentiels Milan Junior*

1 Toi, futur citoyen
2 L'Égypte au temps des pharaons
3 Cyberélève, le multimédia à ton service
4 Sais-tu vraiment ce que tu manges ?
5 Sommes-nous tout seuls dans l'Univers ?
6 Le cinéma, silence... on tourne !
7 Serfs et seigneurs au Moyen Âge
8 Comprends mieux tes parents
9 Savoir faire face au racisme
10 L'écologie, agir pour la planète

Dans la collection *Les Dicos Essentiels Milan*

Le dico du multimédia
Le dico du citoyen
Le dico du français qui se cause
Le dico des sectes
Le dico de la philosophie
Le dico des religions
Le dico des sciences
Le dico de l'amour et des pratiques sexuelles
Le dico de la psychanalyse et de la psychologie
Le dico des cathares

Responsable éditorial
Bernard Garaude
Directeur de collection – Édition
Dominique Auzel
Secrétariat d'édition
Élise Sicard
Correction – Révision
Élisée Georgev
Iconographie
Sandrine Batlle
Conception graphique
Bruno Douin
Maquette
Lydia Chatry
Infographie
Isocèle
Fabrication
Isabelle Gaudon
Hélène Zanolla

Crédit photos
© Explorer : pp. 3, 13 /
© B. Guillemard : pp. 8, 19, 20- 21, 56 /
© C. & J. Lenars-Explorer : p. 20 /
© É. Oudin : pp. 29, 42-43, 54 /
© Giraudon : pp. 7, 30, 44

ISBN : 2-7459-0212-1
D. L. janvier 2001.
Imprimé à Ligugé - Aubin Imprimeur